F. Häßler, J. M. Fegert

Moderne Behandlungskonzepte für Menschen mit geistiger Behinderung

Moderne Behandlungskonzepte für Menschen mit geistiger Behinderung

Therapiekompendium für Ärzte, Psychologen, Sozialarbeiter und Pflegekräfte

Herausgegeben von

Frank Häßler
Jörg Michael Fegert

Mit Beiträgen von

Ernst Berger, Johannes Buchmann,
Jörg Michael Fegert, Christian Gaedt, Frank Häßler,
Wolfgang Meins, Hans-Christoph Steinhausen,
Petra Tilch

Mit 27 Abbildungen
und 43 Tabellen

Schattauer Stuttgart New York

Die Deutsche Bibliothek – CIP Einheitsaufnahme
Ein Titeldatensatz für diese Publikation ist bei Der Deutschen Bibliothek erhältlich

Besonderer Hinweis:
Die Medizin unterliegt einem fortwährenden Entwicklungsprozeß, so daß alle Angaben, insbesondere zu diagnostischen und therapeutischen Verfahren, immer nur dem Wissensstand zum Zeitpunkt der Drucklegung des Buches entsprechen können. Hinsichtlich der angegebenen Empfehlungen zur Therapie und der Auswahl sowie Dosierung von Medikamenten wurde die größtmögliche Sorgfalt beachtet. Gleichwohl werden die Benutzer aufgefordert, die Beipackzettel und Fachinformationen der Hersteller zur Kontrolle heranzuziehen und im Zweifelsfall einen Spezialisten zu konsultieren. Fragliche Unstimmigkeiten sollten bitte im allgemeinen Interesse dem Verlag mitgeteilt werden. Der Benutzer selbst bleibt verantwortlich für jede diagnostische oder therapeutische Applikation, Medikation und Dosierung.
In diesem Buch sind eingetragene Warenzeichen (geschützte Warennamen) nicht besonders kenntlich gemacht. Es kann also aus dem Fehlen eines entsprechenden Hinweises nicht geschlossen werden, daß es sich um einen freien Warennamen handelt.

Internet http://www.schattauer.de
Printed in Germany

Lektorat und redaktionelle Bearbeitung durch die Autoren und CTW – Congress Organisation Thomas Wiese GmbH, Berlin
Umschlagabbildung: Arne Boysen
Umschlaggestaltung: Ulrike Böge
Satz: Reproduktionsfertige Vorlagen von CTW – Congress Organisation Thomas Wiese GmbH, Berlin
Druck und Einband: Konrad Triltsch Print und Digitale Medien GmbH, Würzburg
Gedruckt auf chlor- und säurefrei gebleichtem Papier.

ISBN 3-7945-2082-3

Vorwort

„Daß bisher in unserem Lande für die Schwachsinnigen noch gar nichts getan ist, ist leider nur zu wahr, muß uns aber dringend mahnen, die Hand an den Pflug zu legen und unseren Liebeseifer der Pflege und Erziehung dieser armen blödsinnigen Kinder zuzuwenden, die in ihrem beklagenswerten Zustand bisher sich völlig selbst überlassen sind." (Zitat Krabbe, 1865, in: Michaelshof 1995.)

Auch wenn sich seitdem viel für Menschen mit geistiger Behinderung getan hat, kann uns das Erreichte nicht zufriedenstellen.

Die von der Generalversammlung des Weltverbandes für Psychiatrie angenommenen ethischen Standards, enthalten in der Deklaration von Madrid 1996, fordern, daß Psychiater ihren Patienten die beste verfügbare Therapie in Übereinstimmung mit anerkannten wissenschaftlichen Erkenntnissen und ethischen Prinzipien zukommen lassen. Dieser Grundsatz gilt auch uneingeschränkt für geistig behinderte Menschen, die eine erhöhte Vulnerabilität für koexistierende psychische Störungen und Erkrankungen aufweisen. Mit der gleichen Zielrichtung verabschiedeten die vier Fachverbände der Behindertenhilfe Positionspapiere zur Gesetzesnovellierung (1998, 1999), in denen einerseits eine gesundheitliche Versorgung unter spezieller Berücksichtigung der besonderen Bedürfnisse von Menschen mit geistiger Behinderung angemahnt und gleichzeitig auf die Notwendigkeit wissenschaftlicher Begleitung und Therapieevaluierung hingewiesen wird.

Aus einer langjährigen Erfahrung in der Betreuung und Behandlung von Menschen mit geistiger Behinderung heraus veranstalteten wir am 20.3.1999 in der Hauptstadt Berlin ein Symposium, in dem namhafte Wissenschaftler zusammen mit erfahrenen Praktikern neue und erprobte Behandlungskonzepte mit dem Ziel vorstellten, „die beste verfügbare Therapie" zu diskutieren und zur Verbesserung der Lebensqualität geistig behinderter Menschen in die Praxis einzuführen. Mit dem vorliegenden Sammelband der Vorträge soll die Thematik einem breiten und interessierten Publikum, nicht nur von Ärzten, sondern aller Professionen, die sich in der Betreuung von Menschen mit geistiger Behinderung engagieren (Pädagogen, Sozialtherapeuten, Psychologen etc.), nähergebracht werden.

Für die Herausgeber
Frank Häßler

Rostock, April 2000

Literatur

Bundesverband Evangelische Behindertenhilfe e. V., Verband Katholischer Einrichtungen für Lern- und Geistigbehinderte e. V., Bundesvereinigung Lebenshilfe für Menschen mit geistiger Behinderung e. V., Verband für Anthroposophische Heilpädagogik, Sozialtherapie und Soziale Arbeit e. V. Positionspapier: Die gesundheitliche Versorgung von Menschen mit geistiger Behinderung. Stuttgart 1998.

Bundesverband Evangelische Behindertenhilfe e. V., Verband Katholischer Einrichtungen für Lern- und Geistigbehinderte e. V., Bundesvereinigung Lebenshilfe für Menschen mit geistiger Behinderung e. V., Verband für Anthroposophische Heilpädagogik, Sozialtherapie und Soziale Arbeit e. V. Positionspapier: Notwendige Maßnahmen zur Verbesserung der gesundheitlichen Versorgung von Jugendlichen und Erwachsenen mit geistiger und mehrfacher Behinderung im Rahmen der Gesundheitsreformvorhaben der Regierungskoalition im Jahre 1999. Stuttgart 1999.

Michaelshof. 150 Jahre Michaelshof. Rostock: KlangRäume Musikproduktion Verlag 1995: 47.

Herausgeber

Häßler, Frank, PD Dr. med., Universität Rostock, Klinik und Poliklinik für Kinder- und Jugendneuropsychiatrie/Psychotherapie, Gehlsheimer Str. 20, D-18147 Rostock

Fegert, Jörg Michael, Prof. Dr. med., Geschäftsführender Direktor des Zentrums für Nervenheilkunde, Universität Rostock, Klinik und Poliklinik für Kinder- und Jugendneuropsychiatrie/Psychotherapie, Gehlsheimer Str. 20, D-18147 Rostock

Autoren

Berger, Ernst, Univ.-Prof. Dr. med., Neuropsychiatrische Abteilung für Kinder und Jugendliche mit Behindertenzentrum, Neurologisches Krankenhaus Rosenhügel, Riedelgasse 5, A-1130 Wien

Buchmann, Johannes, Dr. med., Universität Rostock, Klinik und Poliklinik für Kinder- und Jugendneuropsychiatrie/Psychotherapie, Gehlsheimer Str. 20, D-18147 Rostock

Fegert, Jörg Michael, Prof. Dr. med., Universität Rostock, Klinik und Poliklinik für Kinder- und Jugendneuropsychiatrie/Psychotherapie, Gehlsheimer Str. 20, D-18147 Rostock

Gaedt, Christian, Dr. med., Evangelische Stiftung Neuerkerode, D-38173 Neuerkerode

Häßler, Frank, PD Dr. med., Universität Rostock, Klinik und Poliklinik für Kinder- und Jugendneuropsychiatrie/Psychotherapie, Gehlsheimer Str. 20, D-18147 Rostock

Meins, Wolfgang, PD Dr. med. Dipl.-Psych., Albertinen-Haus, Zentrum für Geriatrie, Sellhopsweg 18–22, D-22459 Hamburg

Steinhausen, Hans-Christoph, Prof. Dr. med. Dr. phil., Zentrum für Kinder- und Jugendpsychiatrie, Universität Zürich, Neumünsterallee 9, Postfach, CH-8032 Zürich

Tilch, Petra, Dr. phil., Universität Rostock, Klinik und Poliklinik für Kinder- und Jugendneuropsychiatrie/Psychotherapie, Gehlsheimer Str. 20, D-18147 Rostock

Inhaltsverzeichnis

Einleitung: Der geistig Behinderte in der Medizin/Psychiatrie – ein historischer Exkurs

F. Häßler

Bei allen erreichten Fortschritten in der Diagnostik, Behandlung, Rehabilitation und Integration von Menschen mit geistiger Behinderung ist nicht nur deren adäquate gesundheitliche Versorgung unter Berücksichtigung ihrer speziellen Bedürfnisse am Ausgang des 20. Jahrhunderts defizitär, sondern auch ihr Bild in der Öffentlichkeit noch weitestgehend durch Voreingenommenheit, Ignoranz und Intoleranz geprägt und getrübt.

Mit wenigen Ausnahmen, wobei aus jüngster Zeit eine der 23jährige Hauptdarsteller mit Down-Syndrom (genetische Ursache ist eine Trisomie 21) in dem ARD-Vierteiler „Liebe und weitere Katastrophen" verkörperte, reicht das Spektrum in den Massenmedien vom Aufruf zur breiten Solidarität (Werbespot der Aktion Sorgenkind) mit Menschen mit geistiger und mehrfacher Behinderung bis hin zur offenen Ablehnung und Kriminalisierung. In den Reaktionen der Bürger werden noch häufig Verhaltensmuster deutlich, die an vergangene Jahrhunderte und dunkelste Zeiten deutscher Geschichte erinnern und die man längst überwunden glaubte.

Die Geschichte der Psychiatrie ist bis zum 18. Jahrhundert in erster Linie eine Geschichte des Wahnsinns. Eine klare sprachliche oder gar diagnostische Differenzierung in „Geisteskranke" oder Menschen mit geistiger Behinderung findet sich kaum, so daß diese Begriffe bei aller Verschiedenheit einen gemeinsamen Überschneidungsbereich beinhalten.

Im antiken Rom war es zunächst Usus, lebensunfähige Menschen, Kinder mit körperlichen Abnormitäten und psychopathologisch auffällige Personen auszusetzen, zu verbannen oder zu töten – „Cito necatus tamquam ex XII tabulis insignis ad deformitatem puer – schnell ums Leben gebracht wie ein besonders mißgestalteter Knabe". Einen weiteren Beweis dafür finden wir in dem Gesetzeswerk „Politeia", 410 n. Chr.: „Wer siech am Körper ist, den sollen sie sterben lassen, wer an der Seele mißraten und unheilbar ist, den sollen sie sogar töten" (Huchthausen 1991). In der Öffentlichkeit wurden Geisteskranke ausgelacht und verspottet bzw. nach Horaz (Sat. 2, 3, 246) mit schwarzer Farbe etikettiert. Andererseits gehörte das Halten von Narren und Närrinnen (monones) zur Vorliebe römischer Aristokratenfamilien.

So berichtet Seneca über die schwachsinnige Harpaste, die er aus dem Nachlaß seiner ersten Frau übernahm; Kaiser Alexander Severus, genannt Marcus Aurelius, schenkte seine „monones“ dem Volk. Generell trugen die Angehörigen von „dementes“, „debiles“ und „furiosi“ die Sorge und Verantwortung, woraus nicht selten freiheitsentziehende Unterbringungspraktiken resultierten. Wenn keine Angehörigen existierten, übernahm ein Betreuer, der „curator furiosi“, o. g. Aufgaben bzw. Verpflichtungen. Kaiser Justinianus I. verankerte 542 n. Chr. Schutz, Versorgung und Pflege im Sinne des Wohles der Kranken in einem Gesetzeswerk (corpus juris). Trotz vieler fortschrittlicher und humanitärer Ideen geistert auch durch die griechisch-römische Antike und die Anfänge der christlichen Ära der Gedanke der Aussperrung und des therapeutischen Nihilismus bis hin zur Vernichtung „lebensunwerten“ Lebens.

Die Weiterführung der humanistischen antiken Traditionen in der Behandlung von Geisteskranken, die sogar psychotherapeutische Elemente enthielten, finden wir am ehesten in der arabischen Welt, basierend auf der vom Koran ausgehenden Toleranz und dem religiös eingeforderten Wohlwollen ihnen gegenüber. Dafür stehen Namen wie Ibn Sina (980–1037) mit dem „Canon medicinae“, Maimonides (1135–1204), Ali Ibn Rabban und Ali Abbas. Entsprechend dieser Einstellung ging es auch um eine angemessene Unterbringung von Menschen mit geistiger Behinderung. In den arabischen Hochkulturen nimmt die Errichtung von Krankenspitälern und Häusern für Geisteskranke im 8. und 9. Jahrhundert rasch zu, was sich bis in den iberischen Einflußbereich erstreckt. Ackerknecht nennt Bagdad um 750, Cairo 873, Damaskus 800, Aleppo 1270 und Kaladun 1283 (Ackerknecht 1985).

Im christlichen Europa ist im Mittelalter die Behandlung der von Wahn Befallenen, der Besessenen, der Fallsüchtigen und der Melancholiker eher Sache der Priester und Mönche als die der Ärzte. Wallfahrten, so zum Hl. Dympna nach Gheel in Belgien, Bußübungen, Selbstkasteiungen und Fasten waren neben Aderlaß, Klistier und Wassergüssen die gebräuchlichsten Therapien, falls Pulver, Tee und Salben keine Wirkung zeigten. Die Befangenheit in Teufelsglauben und Hexenwahn können selbst so hervorragende Persönlichkeiten und Ärzte wie Paracelsus (1491–1541) und Johann Weyer (1515–1588) nicht überwinden. Ersterer ordnete in seinem Buch „Von den Krankheiten, die der Vernunft berauben“, erschienen erst 1567, Epilepsie, Manie, Irrsinn, Veitstanz und Hysterie den Geisteskrankheiten zu und führte diese auf natürliche Ursachen zurück. Zu den „rechten unsinnigen Leut“ zählt Paracelsus neben Lunatici, Vesani, Melancholici und Obsessi auch die Insani.

Die Insani seien verrückt geboren, entweder weil das Sperma verdorben gewesen sei oder weil der Mond im Mutterleib sie beeinflußt habe. Mit dem Teufel könnten sie nichts zu tun haben, denn wo keine Vernunft sei, habe auch der Teufel sein Recht verloren. Aber in seinem nur ein Jahr später erschienenen Werk „De lunaticis“ finden wir die Aufforderung, Verrücktheit entweder durch Beichte zu vermeiden oder die Kranken zu verbrennen, damit sie nicht ein Werkzeug des Teufels werden. Mutiger tritt dagegen der aus Brabant stammende Johann Weyer gegen die Folterung von Geisteskranken und ihre Bestrafung als Hexen und Teufel auf. In seinem Buch „De praestigiis daemonum“ (1563) fordert er, daß Geisteskranke primär von einem Arzt und nicht von einem Priester behandelt werden.

1527 beschloß der Landgraf Philipp der Großmütige von Hessen im Zuge der Säkularisierung drei Klöster und eine Pfarrei zu Armenhospitälern umzuwandeln, die als „Hohe Hospitäler“ in die Geschichte Hessens eingingen. Bereits am Ende des

16. Jahrhunderts hatte sich die ursprünglich auf 100 Pfleglinge ausgerichtete Zahl der Hospitaliten verdoppelt, wovon psychisch Kranke und geistig Behinderte ein Viertel der Insassen ausmachten. Narren und Simple oder Menschen mit blödem Verstand teilten Räumlichkeiten, Mahlzeiten, Arbeitsplätze und Gottesdienste mit den körperlich Kranken, den Krüppeln und den armen Alten. Die Versorgung oblag auch hier den Seelsorgern und den Aufwärterehepaaren. Ein studierter Arzt wurde erst 1821 eingestellt (Vanja 1997).

Obwohl in größeren Städten wie Paris, London, Amsterdam, Zürich, München und Basel in allgemeinen Spitälern Abteilungen für Geisteskranke anzutreffen sind, bleibt doch im 16. Jahrhundert das Interesse an einer menschenwürdigen Versorgung der geistig Behinderten gering. Dafür lassen sich die extrem hohe Kindersterblichkeit geistig und mehrfach Behinderter, die geringe ärztliche Versorgungsdichte, das allgemein niedrige Bildungsniveau (rund 80 % der Bevölkerung waren des Lesens, Schreibens und Rechnens unkundig), die Seßhaftigkeit und Einbindung in ländliche Strukturen und nicht zuletzt die allgegenwärtige Armut mit dem Kampf ums tägliche Überleben anführen. In erster Linie die Familie und darüber hinaus die dörfliche Gemeinschaft waren für das Wohl der geistig Behinderten zuständig. Der in das Gemeinwesen eingebundene „Dorftrottel“ wurde zumindest geduldet.

Unter dem arabischen, d. h. islamischen Einfluß herrschte insbesondere in Spanien ein Menschenbild vor, wovon auch geistig und mehrfach Behinderte profitierten. Im Jahre 1409 wurde die „Casa de Orates“ als erste christliche Anstalt zur Unterbringung psychisch Kranker in Valencia gegründet. Zahlreiche Zeugnisse aus der bildnerischen Kunst und Literatur des 16. und 17. Jahrhunderts belegen den toleranten Umgang mit psychisch Kranken und geistig Behinderten (Pfandl 1927; Dieckhöfer 1997). Als typisches Beispiel hierfür gilt das Genre des Bettlerbildes in der spanischen Malerei des 17. Jahrhunderts. Antonio Pugas „Lachender Bursche mit Orangenblüte“ offenbart Unschuld und Glückseligkeit eines „Idioten“. Der Narr war ein Teil des Ganzen der göttlichen Weltordnung, war Spiegel der Welt, diente somit nicht nur der Belustigung, sondern auch der Wahrheitsfindung (Schmitt 1997). Letztere Funktion kommt ihm in Johann Beers Roman „Das Narrenspital“ (1681) zu. Für den trotz Inquisition sehr toleranten Umgang mit geistig Behinderten im Spanien des 17. Jahrhunderts könnte auch sprechen, daß Karl II., letzter Habsburger auf dem spanischen Thron, selbst geistig minderbemittelt, wahrscheinlich sogar geistig behindert war. In den Portraits von Claudion Coelleo und Juan Carreno werden Dysmorphiezeichen deutlich, die o. g. Rückschlüsse zulassen. Darüber hinaus wird berichtet, daß er nichts weiter tat, als auf dem Thron dahinzusterben, während auch die Monarchie im Sterben lag (Giardini 1994).

Die Dynastie der spanischen Habsburger ist darüber hinaus eine Fundgrube für jeden historisch interessierten Psychiater, wobei die klassifikatorische Zuordnung der individuellen Psychopathologien von Schizophrenien über manisch depressives Irresein bis hin zu Dementia praecox und geistiger Behinderung reicht und damit erheblich differiert (Pfandl 1927; Brouwer 1978).

Relativ unstrittig ist dagegen, daß all die Auffälligkeiten späterer Generationen, bis hin zu Karl II., auf Johanna die Wahnsinnige (1479–1555) zurückgeführt werden können bzw. bei ihr erstmalig evident wurden.

In der Zeit der Aufklärung fiel der Narr aus der Ordnung der Vernünftigen heraus (Schmitt 1997), und es machte sich die Schaffung von Einrichtungen, die sich derer, die den Rahmen der Normalität sprengten, annahmen, erforderlich. Der Zerfall feudaler Strukturen und die verheerenden Folgen kriegerischer Auseinandersetzungen untermauerten diese Notwendigkeit und forcierten die Anstrengungen, wobei in deutschsprachigen Landen primär Klöster, Schlösser, Burgen und Kasematten geringfügig umgebaut wurden. In diesen adaptierten Anstalten wurden vorrangig die französischen Vorbilder übernommen. Reformpsychiatrische Bestrebungen von Philippe Pinel am Krankenhaus von Bicêtre (gegründet 1793) sowie an der Salpetrière (ab 1795) brachten zwar Erleichterungen in Hinblick auf Zwangsmaßnahmen, verhinderten aber weder in Frankreich noch im berüchtigten Bedlam von London oder in den Zucht- und Ordnungsstätten deutscher Kleinstaaten, daß Geisteskranke ihren Wärtern und „normalen" Mitinsassen schutzlos ausgeliefert waren. Eine ärztliche Behandlung mit Aussicht auf Besserung oder gar Heilung war nur in Ansätzen vorhanden. Fachkundiges Ärzte- und Pflegepersonal gab es selbst an kirchlichen oder privaten Anstalten wie dem von St. Vincent de Paul gegründeten St. Lazare nur in den seltensten Fällen. In Hamburg wurden die Irren im ehemaligen „Pesthof", der 1797 in „Krankenhof" umbenannt worden war, nur dreimal die Woche von einem in der Stadt praktizierenden Arzt stundenweise visitiert (Kohl 1997). In Pforzheim gab es bereits 1804 einen bestellten „Siechenphysikus". 1805 wurde nach Beauftragung das „Tollhaus" in Bayreuth in eine „psychiatrische Heilanstalt für Geisteskranke" umgewandelt.

Im Zuge der Aufklärung befaßte sich auch die gesetzgeberische Seite mit dem Schutz von Geisteskranken, nachdem diese bis dato nur von strafrechtlichen Verfolgungen ausgenommen waren. Basierend auf der „Peinlichen Gerichtsordnung" Karls V. von 1532 wurden „furiosi", „dementes", „phrenetici", „insani" und „mencapti" in der Praxis straffrei gelassen. 1774 erließ das Parlament in England das erste europäische Gesetz zum Schutz von Geisteskranken. Österreich folgte unter Kaiser Joseph II. mit den Direktiven für das Krankenwesen. Derselbe Kaiser errichtete 1784 den Irrenturm im Hauptspital von Wien. Zur selben Zeit prangerten Pinel und Esquirol in Frankreich die Mißstände in den Anstalten an und wiesen auf die Not der bedauernswerten Kranken hin. Andererseits sah Pinel im Idiotismus die Abwesenheit aller geistigen Fähigkeiten (Baruk 1990). Menschen mit geistiger Behinderung sprach man menschliche Gefühle und Regungen ab und mißbrauchte sie zum Ergötzen eines zahlenden Publikums. Bereits Beer hatte in seinem „Narrenspital" beschrieben, wie die Gesellschaft beschließt, ein neu errichtetes Narrenspital aufzusuchen, um sich an den von der menschlichen Vernunft entfernten Gemütern zu erfreuen. Auch im Wiener Narrenturm wurden Patienten zur Freude von Erwachsenen und Kindern gegen Entgelt vorgeführt. Geistesgestörte und Mißgestaltete gehörten ebenso zum „Personalbestand" von Schaustellern und Wandertruppen.

Die zunehmende Entfaltung der Psychiatrie im 19. Jahrhundert wurde einerseits durch humanitäre Grundsätze in Fortführung der Ideen der französischen Revolution geprägt, andererseits basierte sie auf den Fortschritten in Medizin und Biologie und wurde gesellschaftlich durch die sich durchsetzende staatliche Erkenntnis der sozialen Gerechtigkeit als stabilisierender Faktor erst ermöglicht.

In Deutschland waren es vor allem die Leiter der in der ersten Hälfte des 19. Jahrhunderts zahlreich gegründeten modernen Anstalten, die ein Aufblühen der Psychiatrie einleiteten. Die Wortprägung „Psychiatrie" stammt von dem hallensischen Stadtphysikus J. Ch. Reil aus dem Jahre 1808. Zu den bedeutendsten Vertretern der Direktoren psychiatrischer Anstalten gehören Maximilian Jacobi, Leiter der 1825 gegründeten Anstalt in Siegburg, Carl Friedrich Flemming, der die Schweriner Anstalt Sachsenberg von der Eröffnung 1830 bis zu seinem Ruhestand 1854 leitete, Christian Friedrich Wilhelm Roller, der die von ihm konzipierte Anstalt Illenau 1842 eröffnen konnte, A. Zeller in Winnenthal (1834 gegründet) und H. Damerow in Halle (1836 eröffnet). Die erste Schule für Kretinen nahm unter der Leitung des Lehrers Guggenmoos ihre Arbeit 1816 in Salzburg auf. 1840 wurde durch J. Guggenbühl die erste Anstalt für Kretinen auf dem Abendberg bei Interlaken errichtet. Während in den oben erwähnten psychiatrischen Anstalten Menschen mit geistiger Behinderung überwiegend zusammen mit Geisteskranken, Epileptikern, Verbrechern und Trunksüchtigen verwahrt wurden, existierten am Ende des 19. Jahrhunderts in Preußen 3.600 Betten in 28 sogenannten Idiotenanstalten (Bilz 1898). Stritter gibt 1902 für das Jahr 1885 sogar 32 Anstalten mit 4.310 Zöglingen an.

Die Fortschritte der sich zur wissenschaftlichen Disziplin mit eigenen Lehrstühlen entwickelnden Psychiatrie kamen Menschen mit geistiger Behinderung kaum zugute. Nicht umsonst mahnte der Rostocker Theologe Professor Krabbe, Vorsitzender des Hauptvereins der inneren Mission, 1865 diese Mißstände an und forderte eine Pflege- und Erziehungsanstalt für blödsinnige Kinder, die er in das „Rettungshaus"-Konzept integrieren wollte. (Erst 1950 wurde seine Idee in der evangelischen Pflegeeinrichtung Michaelshof verwirklicht.)

Nach Henze (1934) existierten im 19. Jahrhundert drei unterschiedliche Richtungen der Schwachsinnigenfürsorge, die philanthropisch-karitative (= sozialpädagogische) Richtung, in deren Rahmen mit der zweiten Welle der Rettungshausbewegung in den Jahren 1840–1860 „Idiotenanstalten" entstanden, die schulpädagogische Linie, die wesentlich die Anfänge der Hilfsschulpädagogik beeinflußte, und die medizinische Richtung, die die Schwachsinnigen als geistig krank und ärztlicher Pflege bedürftig ansah.

1875 wird durch den Leiter der Alsterdorfer Anstalten Sengelmann die Konferenz der Idiotenanstalten ins Leben gerufen, wo die allgemeine Beschulung propagiert wird und somit auch die Einordnung von Schwachbefähigung, welche dem späteren Konzept der Debilität entspricht. 1880 entsteht die erste Hilfsschule in Elberfeld; 1920 werden bereits 43.000 Kinder in Hilfsschulen unterrichtet. Ein Großteil der debilen Kinder wird in Heilerziehungsheimen betreut. In dieser Zeit konstituieren sich auch die großen Wohlfahrtsverbände, die bis auf den heutigen Tag eng mit der Betreuung und Pflege von Menschen mit schwerer und schwerster geistiger Behinderung verbunden sind. 1848 entsteht die Innere Mission der evangelischen Kirche, 1863 das Rote Kreuz, 1897 der Caritasverband der katholischen Kirche, 1919 die Arbeiterwohlfahrt und 1924 der Deutsche Paritätische Wohlfahrtsverband. Für die medizinische Richtung mag stellvertretend Griesinger stehen, der in Geisteskrankheiten nicht nur Gehirnkrankheiten sah, sondern auch eine psychosoziale Komponente. In bezug auf die Idiotenanstalten schrieb er: „Wie die Irrenanstalten die Voraussetzung für die

Erkenntnis der Irren, so machen die jetzt zu gründenden Idiotenanstalten erst das Kennenlernen dieser Intelligenzmängel möglich“ (Jantzen 1982). Leider blieb Griesingers Theorie nur eine unter vielen neuen psychiatrischen Ansätzen.

1880 bestanden bereits 19 Lehrstühle für Psychiatrie im deutschen Sprachraum. Im Psychiatrie-Lehrbuch von Emil Kraepelin, einem der herausragendsten deutschen Psychiater, findet in der Ausgabe von 1903 geistige Behinderung nur zweimal unter dem Begriff Idiotie Erwähnung. Um die Jahrhundertwende war der ursprüngliche Optimismus, Geisteskrankheiten heilen zu können, weitestgehend einem therapeutischen Nihilismus gewichen. Hinzu kamen die weit verbreiteten biologistischen Ansichten des Monisten Ernst Haeckel (1834–1919), der unter anderem mit Begriffen wie Lebenswert, Kontraselektion und Vorwegnahme von rassenhygienischen Positionen den Grundstein für den späteren Sozialdarwinismus legte. Hinsichtlich der unheilbar Kranken argumentiert Haeckel mit dem „Lebenswerth“ des Individuums und schlußfolgert, daß das Leben unheilbar Kranker gänzlich „werthlos“ ist. Daneben prangert er die Medizin an, chronisch Kranke am Leben zu erhalten und der Kontraselektion Vorschub zu leisten. In Zeiten der Ressourcenknappheit, insbesondere während und nach dem 1. Weltkrieg, kam es zur Verelendung der Anstaltspsychiatrie bzw. zur Fremdnutzung ihrer Betreuungsstätten durch Lazarette. Humanitäre Intentionen der Fürsorge verloren an Bedeutung (Sandmann 1997).

Die theoretischen Überlegungen eines Emil Haeckel beeinflußten maßgeblich die Entwicklung der Rassenhygiene, die ihre Umsetzung in der nationalsozialistischen Gesundheitspolitik fand. Bereits am 14. Juli 1933 wird das „Gesetz zur Verhütung erbkranken Nachwuchses“ in Kraft gesetzt. Damit begannen Verschärfungen der repressiven Verwahrung und die Unterbindung der Fortpflanzungsfähigkeit als erbkrank geltender geistig Behinderter und psychisch Kranker. Zwangssterilisationen waren an der Tagesordnung. Der schwerwiegendste und perfideste Eingriff in die Anstaltsversorgung war der von 1940 bis August 1941 durchgeführte Massenmord (T4-Aktion) an den als unheilbar geltenden und zu keiner Arbeitsleistung mehr fähigen Kranken. Das medikalisierte Töten kostete vermutlich 70.000 Patienten das Leben. Die Psychiatrie, die von einer „sozialen Psychiatrie“ über die „Sippenpsychiatrie“ zur „Vernichtungspsychiatrie“ degeneriert war, hatte ärztliches Ethos verraten und besudelt.

Sowohl dieser geschichtliche Hintergrund als auch die vorwiegend traditionellen medizinischen Konzepte der geistigen Behinderung mit einem biologistisch determinierten defizitären Ansatz haben zu einer Vordenker- und Vorreiterrolle der Heil- und Behindertenpädagogik bis hin zur Rehabilitationspädagogik in der Betreuung von Menschen mit geistiger Behinderung geführt. Auch die Krankenhausreform der Nachkriegsjahre reaktivierte alte Ausgliederungswünsche, um sich in klinifizierten Häusern, d. h. modernen Psychiatriekliniken, den „Heilbaren und Behandlungsfähigen“ zuzuwenden.

Somit waren geistig Behinderte weiterhin die Stiefkinder – „Cinderellas“ – der Psychiatrie (Tarjan 1966). Einen ersten Schritt zu einer Reform stellen die Empfehlungen der Psychiatrie-Enquete 1975 dar, worin die Trennung der Versorgung psychisch Kranker und geistig Behinderter sowie die Schaffung von eigenständigen Behinderteneinrichtungen außerhalb der Krankenhäuser angemahnt wurde. 1975 betrug der Anteil geistig Behinderter an der Gesamtzahl aller Psychiatriepatienten im

Bundesdurchschnitt 18,5 %. Aus der gleichen Zeit stammen die „Normalisierungsprinzipien“ für heilpädagogische Heime (Theunissen 1990). Aber erst die sozialpsychiatrisch akzentuierte Reform in den 80er Jahren hat im deutschsprachigen Raum zu einem tiefgreifenden Umdenken angeregt und dank der Heil- und Behindertenpädagogik auch die geistig Behinderten erreicht. Sowohl klinikinterne Verbesserungen, die Hinwendung zu kleineren therapeutisch orientierten Fachkrankenhäusern mit vorrangiger Förderung der sozialen Kompetenz, moderneren Behandlungsstrategien, d. h. Integration psychotherapeutischer Verfahren neben der Psychopharmakotherapie, als auch gemeindenahe Wiedereingliederungsmaßnahmen und die Integration entwicklungspsychologischer, sozioökologischer und psychoedukativer Modelle in ein Gesamtbehandlungskonzept sprechen für die neu definierte Rolle der Psychiatrie in der Betreuung geistig behinderter Menschen. Nicht zuletzt haben sich die Psychiater in der Deklaration von Madrid 1996 verpflichtet, „die beste verfügbare Therapie in Übereinstimmung mit anerkannten wissenschaftlichen Erkenntnissen und ethischen Prinzipien anzubieten. Psychiater sollen therapeutische Maßnahmen so gestalten, daß sie die Freiheit so wenig wie möglich beeinträchtigen“ (Helmchen 1998). Damit geht es nicht nur um Entpsychiatrisierung und Enthospitalisierung, sondern auch um die Verbesserung der Lebensqualität innerhalb bestehender Strukturen und Institutionen sowie mehrdimensionaler multiprofessioneller therapeutischer Ansätze, die eine Psychiatrisierung gar nicht erst zulassen. Die Fachverbände der Behindertenhilfe (Verband für Anthroposophische Heilpädagogik, Sozialtherapie und Soziale Arbeit e. V., Verband Katholischer Einrichtungen und Dienste für lern- und geistigbehinderte Menschen e.V., Bundesverband Evangelische Lebenshilfe e. V. und Bundesvereinigung für Menschen mit geistiger Behinderung e. V.) forderten in ihrem Positionspapier von 1998 neben einer speziellen medizinischen Betreuung für Menschen mit geistiger bzw. mehrfacher Behinderung auch eine adäquate Aus- und Weiterbildung für eine fachlich angemessene gesundheitliche Betreuung und eine praxisbegleitende Forschung zwecks Therapieevaluierung und -optimierung, wobei sie auf die Kompetenz von Universitäten, Hoch- und Fachschulen verwiesen.

Somit ergeben sich für die Psychiatrie folgende Aufgaben, an denen sie maßgeblich in der Betreuung geistig behinderter Menschen mitwirken kann:

1. ambulante und stationäre Kriseninterventionen bei schweren expansiven Verhaltensstörungen, suizidalen Tendenzen, Exazerbationen bzw. Erstmanifestationen psychotischer Störungen bzw. anderer psychiatrischer Erkrankungen,
2. fachliche Beratung von Behinderteneinrichtungen (Heime, Wohngruppen u. a.), Angehörigen und anderen in die Betreuung eingebundenen Institutionen, wie z. B. Pädagogen auf der Grundlage einer fundierten Diagnostik,
3. Bereitstellung fachlicher Kompetenz für die Aus- und Weiterbildung von Betreuungspersonal, inklusive Supervision und Ausrichtung entsprechender Fachtagungen,
4. Organisation und Koordination sozialer sowie medizinischer Hilfen mit dem Blick auf Verbesserung der Lebensqualität und der Rückfallprävention,
5. wissenschaftliche Begleitung, Erarbeitung von Meßinstrumenten zur Therapieevaluierung und Therapieoptimierung.

Literatur

Ackerknecht EH. Kurze Geschichte der Psychiatrie. Stuttgart: Enke 1985.
Baruk H. Die französische und europäische Psychiatrie von Pinel bis heute. IGM Bd. 4 (dt. Übersetzung). Salzburg: Andreas & Andreas 1990.
Bilz JE. Das neue Naturheilverfahren. Suppl. Band. Leipzig: Verlag von Bilz JE 1898.
Brouwer J. Johanna die Wahnsinnige. München: Georg D. W. Callway 1978; 209.
Dieckhöfer K. Lope de Vegas (1562–1635) Komödie „Los Locos de Valencia". Zum Verständnis der Seelenheilkunde im Spanien des goldenen Jahrhunderts. In: Heilen – Verwahren – Vernichten. Wahl G, Schmitt W. Hrsg. Reichenbach: Verlag Kommunikative Medien und Medizin 1997; 47–59.
Giardini C. Don Carlos, Infant von Spanien. München: Diederich 1994; 43–4.
Helmchen H. Psychiatrie und Ethik: die Deklaration von Madrid. In: Atypische Neuroleptika in der Jugendpsychiatrie. Fegert JM, Häßler F, Rothärmel S (Hrsg). Stuttgart: Schattauer 1999; 21–9.
Henze A. Vereinswesen in Deutschland. In: Enzyklopädie Handbuch der Heilpädagogik. Halle: Marhold 1934; 3096–112.
Horaz. Satirikon. In: Gesammelte Werke. Schröder RA. Frankfurt: Suhrkamp 1952.
Huchthausen L. Römisches Recht. In einem Band. Berlin und Weimar: Aufbau Verlag 1991.
Jantzen W. Sozialgeschichte des Behindertenwesens. München: Verlag Deutsches Jugendinstitut 1982.
Kohl F. Die Modellanstalt „Illenau" in Mittelbaden – ein wichtiges, oft vergessenes Kapitel deutscher Psychiatrie- und Anstaltsgeschichte. Spektrum 1997; 26: 70–3.
Kraepelin E. Psychiatrie – ein Lehrbuch für Studierende und Ärzte. Leipzig: Ambrosius Barth 1903.
Pfandl L. Spanische Kultur und Sitte des 16. und 17. Jahrhunderts. Kempten: Kösel & Puchtel 1927.
Sandmann J. Ansätze einer biologischen Ethik bei Ernst Haeckel und ihre Auswirkungen auf die Ideologie des Nationalsozialismus. In: Heilen – Verwahren – Vernichten. Wahl G, Schmitt W (Hrsg). Reichenbach: Verlag Kommunikative Medien und Medizin 1997; 83–92.
Schmitt W. Die Darstellung der Geisteskrankheiten in der Barockliteratur. In: Heilen – Verwahren – Vernichten. Wahl G, Schmitt W (Hrsg). Reichenbach: Verlag Kommunikative Medien und Medizin 1997; 67–80.
Stritter P. Die Heilerziehungs- und pflegeanstalten für schwachbefähigte Kinder, Idioten und Epileptiker in Deutschland und den übrigen europäischen Staaten. Hamburg: Verlag des Rauhen Hauses 1902.
Tarjan G. Cinderella and the prince: mental retardation and community psychiatry. Am J Psychiatry 1966; 122: 1056–9.
Theunissen G. Aus der Psychiatrie in die Gemeinde – Konzepte zur Integration geistigbehinderter Erwachsener in der Bundesrepublik Deutschland. In: Geistigbehinderte in psychiatrischen Kliniken. Böker W, Brenner HD (Hrsg). Bern: Hans Huber 1990, 109–27.
Vanja C. Die frühzeitliche Entwicklung des psychiatrischen Anstaltswesens am Beispiel Haina/Hessen. In: Heilen – Verwahren – Vernichten. Wahl G, Schmitt W (Hrsg). Reichenbach: Verlag Kommunikative Medien und Medizin 1997; 29–44.
Wahl M. „Dementes", „Furiosi", „Monstrosi" – über den Umgang mit Geisteskranken und Behinderten in der abendländischen Antike. In: Heilen – Verwahren – Vernichten. Wahl G, Schmitt W (Hrsg). Reichenbach: Verlag Kommunikative Medien und Medizin 1997; 15–26.

Epidemiologie, Klinik und Diagnostik der geistigen Behinderung

H.-C. Steinhausen

Zusammenfassung

Die Häufigkeit der geistigen Behinderung liegt gemäß internationalen Erhebungen beim Erwartungswert von 2–3 %. Sie nimmt mit zunehmendem Schweregrad der Behinderung ab. Das männliche Geschlecht ist häufiger betroffen. Zahlreiche psychische Störungen treten bei geistiger Behinderung auf. Die Raten für diese Störungen sind bei geistig Behinderten deutlich erhöht. Eine Vielzahl klinischer Syndrome muß von Experten erfaßt werden. Die Diagnostik umschließt eine sorgfältige Familien- und Eigenanamnese, eine nach Möglichkeit auf Testverfahren gestützte Entwicklungsdiagnostik sowie Verhaltensbeurteilungen. Bei der psychopathologischen Diagnostik ist eine Reihe spezifischer Befunde zu berücksichtigen. Eine detaillierte körperliche Untersuchung sowie labordiagnostische Untersuchungen sind unverzichtbar.

Definition und Häufigkeit

Gemäß Definition der Weltgesundheitsorganisation (WHO) ist die geistige Behinderung durch eine unterdurchschnittliche allgemeine Intelligenz gekennzeichnet, die während der Entwicklungsperiode, d. h. während der Kindheit und Jugend, entsteht und mit einer Beeinträchtigung des adaptiven Verhaltens einhergeht. Unter dem adaptiven Verhalten ist die Fähigkeit zur selbständigen Lebensbewältigung zu verstehen.

International hat sich die ebenfalls von der WHO vorgenommene Klassifikation der geistigen Behinderung in vier Schweregradstufen durchgesetzt, die sich am Intelligenzquotienten orientiert und in Tabelle 1 wiedergegeben ist. Oberhalb der geistigen Behinderung ist der Bereich der Lernbehinderung mit einem Intelligenzquotienten zwischen 70 und 84 angesiedelt. Angesichts der testpsychologisch nur schwer realisierbaren Differenzierung werden die Klassen der mittelgradigen, schweren und schwersten geistigen Behinderung vielfach auch zu einer einzigen Klasse der schweren geistigen Behinderung zusammengefaßt.

Internationale Feldstudien haben Prävalenzraten zwischen 2–3 % ergeben. Dabei variiert der Anteil der leichten geistigen Behinderung, die stärker mit niedriger Sozialschicht verknüpft ist. Hingegen liegen die Anteile der sehr viel weniger sozialschichtabhängigen schweren geistigen Behinderung (IQ < 50) recht übereinstimmend bei

Tab. 1: Einteilung der geistigen Behinderung nach dem Kriterium der Intelligenz

Geistige Behinderung	ICD-10	IQ	Anteile
leichte	F 70	70–50	80 %
mittelgradige	F 71	49–35	12 %
schwere	F 72	34–20	7 %
schwerste	F 73	19–0	< 1 %

0,3–0,5 %. Das männliche Geschlecht ist wegen seiner höheren biologischen Vulnerabilität häufiger als das weibliche Geschlecht von einer geistigen Behinderung betroffen. Dies gilt für die leichte geistige Behinderung noch einmal stärker als für die mittelgradige und schwere Ausprägung der Behinderung.

Klinik

Psychische Symptome

Neben dem Leitmerkmal der Minderung der Intelligenz ist die geistige Behinderung häufig durch zusätzliche psychopathologische Symptome gekennzeichnet. Bei leicht geistig Behinderten ist das Spektrum der psychiatrischen Störungen dem von Normalintelligenten weitgehend ähnlich. Hingegen stehen bei der schweren Form der geistigen Behinderung im Kindes- und Jugendalter organische Psychosyndrome, hyperkinetische Störungen und Stereotypien im Vordergrund. Hyperkinetische Störungen im Zusammenhang mit einer geistigen Behinderung werden auch als Erethie bezeichnet. Mit der Störung des frühkindlichen Autismus besteht insofern eine spezielle Verbindung, als zwei Drittel aller Autisten geistig behindert sind und viele geistig Behinderte autistische Züge zeigen.

Weitere begleitende Störungen sind die desintegrativen Psychosen des frühen Kindesalters, die affektiven und schizophrenen Psychosen, die Automutilationen, die Ausscheidungsstörungen Enuresis und Enkopresis, verschiedene Eßstörungen (Pica, Rumination, Polyphagie, Polydipsie) sowie symptomatische Auffälligkeiten in den Bereichen von Psychomotorik, Stimmungen, Affekten und Trieben ohne Diagnosencharakter. Die Raten psychischer Störungen sind, wie Tabelle 2 entnommen werden kann, bei geistig Behinderten deutlich erhöht.

Klinische Syndrome

Leicht geistig Behinderte sind selten körperlich behindert, erfreuen sich in der Regel einer normalen Gesundheit, zeigen selten Dysmorphiezeichen und haben eine normale Lebenserwartung.

Tab. 2: Die Prävalenz psychischer Störungen bei geistiger Behinderung (Register-Studien; nach Scott 1994)

Studie	Stichprobe	Prävalenz psychischer Störungen (%)	
Birch et al. 1970 (Aberdeen, GB)	n = 78 8–10 Jahre	leichte g. B. schwere g. B.	34 45
Corbett 1977 (Camberwell, GB)	n = 140	schwere g. B.	47
Jacobson 1982a/b (New York State)	n = 8.784 ≥ 21 Jahre	leichte g. B. schwere g. B.	48 54
Gillberg et al. 1986 (Göteborg, S)	n = 164 13–17 Jahre	leichte g. B. schwere g. B.	57 64

Körperliche Behinderungen, Krankheiten sowie Dysmorphiezeichen sind besonders bei der mittelgradigen und schweren Behinderung häufig und können mit einer reduzierten Lebenserwartung einhergehen. In Tabelle 3 ist eine Zusammenstellung der bekannten Syndrome mit geistiger Behinderung vorgenommen. Eine vollständige synoptische Darstellung findet sich bei Neuhäuser (1999).

Diagnostik

Die Untersuchung von Menschen mit geistiger Behinderung muß auf mehreren Ebenen erfolgen. Nach der Erhebung der Anamnese ist eine sorgfältige Entwicklungsdiagnostik vorzunehmen. Komorbide psychische Störungen müssen abgeklärt werden. Ferner sind detaillierte körperliche Untersuchungen sowie eine jeweils individuell angepaßte Zusatzdiagnostik mit Labortests indiziert. In Abbildung 1 ist ein Schema des Vorgehens abgebildet.

Anamnese

In Tabelle 4 sind die Schwerpunkte der Anamnese dargestellt. Diese stützt sich schwerpunktmäßig auf die Befragung der Eltern und bezieht Informationen von betreuenden Institutionen (Kindergarten, Schule usw.) ein. Die Familienanamnese bei geistiger Behinderung trägt aufgrund häufiger genetischer Zusammenhänge wichtige Informationen zu einer umfassenden Untersuchung bei. Sie sollte daher alle denkbaren Hinweise auf Manifestation einer geistigen Behinderung sowie familiäre Risikofaktoren sorgfältig erfassen. Während bei der schweren geistigen Behinderung die Eltern und Geschwister eher durchschnittlich intelligent sind, ist die Intelligenz von Familienmitgliedern bei der leichten geistigen Behinderung eher niedrig.

Die Entwicklungsanamnese des Kindes konzentriert sich in besonderer Weise auf bekannte prä-, peri- und postnatale Risikofaktoren für die frühkindliche Entwicklung,

Tab. 3: Einteilung der klinischen Syndrome bei geistiger Behinderung (nach Neuhäuser 1999)

1	**Pränatal entstandene Formen geistiger Behinderung**
1.1	*Genmutationen als Ursache geistiger Behinderung*
	1 Stoffwechselstörungen
	Phenylketonurie
	Galaktosämie und Mukopolysaccharidosen
	Sanfilippo-Syndrom
	CDG-Syndrom
	Lipidosen
	Störungen von Zellorganellen
	Hormonelle Störungen
	Hypothyreose
	Störungen des Kupferstoffwechsels
	Mb. Wilson-Krankheit
	Menkes-Syndrom
	Störungen des Purinstoffwechsels
	Lesch-Nyhan-Syndrom
	2 Dominant vererbte Genmutationen
	Phakomatosen
	Tuberöse Sklerose
	Neurofibromatose
	Sturge-Weber-Syndrom
	Hippel-Lindau-Syndrom
	Louis-Bar-Syndrom
	3 X-chromosomal gebundene Störungen mit geistiger Behinderung
	Aquäduktstenose
	X-chromosomal-rezessiv vererbte Formen geistiger Behinderung
	Fragiles-X-Syndrom
	X-chromosomal-dominant vererbte Störungen mit geistiger Behinderung
	Incontinentia pigmenti
	Aicardi-Syndrom
	Rett-Syndrom
1.2	*Monogen und multifaktoriell bedingte Störungen als Ursache geistiger Behinderung (Fehlbildungs-Retardierungs-Syndrome)*

Cockayne-Syndrom	Prader-Willi-Syndrom
Coffin-Lowry-Syndrom	Rubinstein-Taybi-Syndrom
Cornelia-de-Lange-Syndrom	Smith-Lemli-Opitz-Syndrom
de Morsier-Syndrom	Smith-Magenis-Syndrom
Dubowitz-Syndrom	Sjögren-Larsson-Syndrom
Hallermann-Streiff-Syndrom	Sotos-Syndrom
Kabuki-Syndrom	Wiedemann-Beckwith-Syndrom
Laurence-Moon/Biedl-Bardet-Syndrom	Williams-Beuren-Syndrom
Lenz-Mikrophthalmie-Syndrom	
Lowe-Syndrom	
Marden-Walker-Syndrom	
Möbius-Syndrom	
Marinesco-Sjögren-Syndrom	
Noonan-Syndrom	

Tab. 3 (Fortsetzung)

1.3	*Fehlbildungen des Nervensystems*
	Dysrhaphische Fehlbildungen
	Fehlbildungen der Holoprosenzephalie-Arrhinenzephalie-Gruppe
	Fehlbildungen der Rindenentwicklung des Gehirns
	Zerebelläre Fehlbildungen
	Porenzephalie
	Megalenzephalie (Makrenzephalie)
	Mikrenzephalie und Mikrozephalie
1.4	*Chromosomenanomalien*
	1 Trisomien
	Down-Syndrom
	Andere Trisomien
	2 Deletionen
	Katzenschrei-Syndrom
	Wolf-Hirschhorn-Syndrom
	18p-Syndrom
	18q-Syndrom
	Syndrome des Chromosoms Nr. 9
	Ringchromosomen
	3 Translokationen
	4 Gonosomale Aberrationen
	XO-Konstitution (Ullrich-Turner-Syndrom)
	XXY-Konstitution (Klinefelter-Syndrom)
	XYY-Konstitution
	XXX-Konstitution
1.5	*Exogen verursachte pränatale Entwicklungsstörungen*
	1 Infektionen als exogene Ursache pränataler Schädigung
	Zytomegalie
	HIV-Infektion
	Andere Virusinfektionen
	Konnatale Toxoplasmose
	Lues
	2 Chemische Einflüsse auf die Entwicklung
	Alkohol (Fetales Alkohol-Syndrom)
	Teratogene Wirkung von Medikamenten
	3 Strahlen, Umweltbelastung
1.6	*Idiopathische geistige Behinderung*
2	**Perinatale Komplikationen als Ursache geistiger Behinderung**
2.1	*Das sog. Geburtstrauma*
2.2	*Hypoxisch-ischämische Enzephalopathie*
2.3	*Frühgeburt*
2.4	*Erkrankungen des Neugeborenen*
3	**Postnatale Ursachen geistiger Behinderung**
3.1	*Entzündliche Erkrankungen des Zentralnervensystems*
3.2	*Schädel-Hirn-Trauma*
3.3	*Hirntumoren*
3.4	*Hirnschädigung durch Intoxikation, Hypoxie, Stoffwechselkrisen*

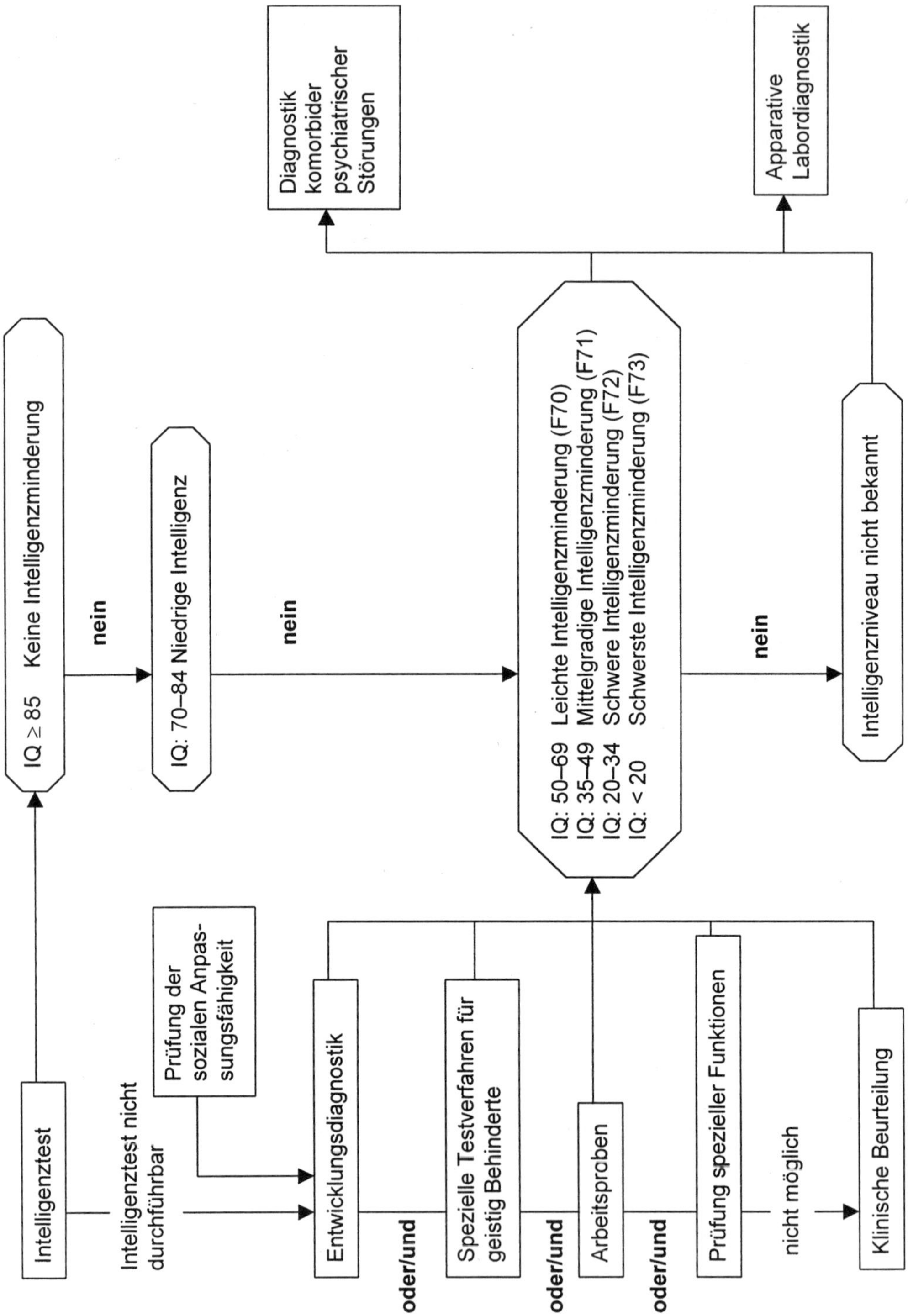

Abb. 1: Diagnostik der geistigen Behinderung

die Meilensteine und den Verlauf der Entwicklung sowie eine spezifische Krankheitsanamnese. Ein Schema für die prä-, peri- und postnatalen Risikofaktoren ist in Tabelle 5 dargestellt.

Entwicklungsdiagnostik

Die Diagnose einer geistigen Behinderung muß durch eine Intelligenzuntersuchung mit einem standardisierten Intelligenztest gesichert werden. Für die Durchführung und Auswertung ist eine spezielle testpsychologische Ausbildung erforderlich. Testuntersuchungen sollten daher von qualifizierten Psychologen vorgenommen werden. Für die meisten dieser Tests gilt, daß sie nicht niveauangemessen sind, das heißt im Bereich der geistigen Behinderung ungenügend differenzieren. Daher sind spezielle Testbatterien für geistig Behinderte entwickelt worden, die neben der Intelligenz weitere Fähigkeiten erfassen. Ein Beispiel ist die Testbatterie für geistig Behinderte (TGBG), welche neben der Intelligenz auch die Funktionen des passiven Wortschatzes, der Fein- und Grobmotorik und des Kurzzeitgedächtnisses erfaßt.

In vielen Fällen ist aufgrund der Beeinträchtigung und einer mangelnden Kooperationsfähigkeit beziehungsweise aufgrund des Alters eine differenzierte Intelligenzdiagnostik nicht möglich. Hier können eine ausführliche Entwicklungsdiagnostik – nach Möglichkeit mit standardisierten Entwicklungstests – oder spezifische Arbeitsproben durchgeführt werden. Nichtstandardisierte Arbeitsproben nehmen Beobachtungen beim Malen und Spielen sowie hinsichtlich der Alltagsfertigkeiten auf. Bei schweren Behinderungen, die mit einer standardisierten Diagnostik nicht erfaßt werden können, stellen sie die einzige Beurteilungsquelle dar.

Spezielle Funktionen werden mit neuropsychologischen Testverfahren überprüft. Hierzu zählen Tests wie das Berliner-Luria-Neuropsychologische Verfahren für Kinder (BLN-K), die Tübinger-Luria-Christensen neuropsychologische Untersuchungsreihe für Kinder (TÜKI), der Heidelberger Sprach- und Entwicklungstest (HSET),

Tab. 4: Anamnese bei geistiger Behinderung

Familienanamnese (Eltern, Geschwister, Großeltern) spontane Aborte, Gestationsalter, Totgeburten, Tod im frühen Erwachsenenalter, Inzestverhältnisse, Vorkommen geistiger Behinderung, Fehlbildungen, neurologische Krankheiten
Schwangerschaft, Geburt und Neonatalperiode mütterliche Risikofaktoren, Unfälle, Narkose, Krankheiten, EPH-Gestose, Pharmaka, Alkohol, Nikotin, Medikamente, Röntgenstrahlen, Gewichtszuwachs in der Schwangerschaft, fetale Bewegungen, Blutungen, Geburtsverlauf und -gewicht, Apgar-Befund
Meilenstein der Entwicklung motorische Entwicklung, Sprachentwicklung, Sauberkeitsentwicklung, Kindergarten- und Schulbesuch
Verlauf der frühkindlichen Entwicklung (Geschwistervergleich) progressiver Abbau, Entwicklungsstillstand, Teilbereiche vs. Gesamtentwicklung
Krankheitsanamnese Traumen, Infektionen des ZNS, Konvulsionen, Operationen, Medikamente, Impfungen

Tab. 5: Prä-, peri- und postnatale Risikofaktoren

Schwangerschaft	
Blutungen	
Schweres anhaltendes Erbrechen mit Gewichtsverlust und Krankenhausaufnahme	
Schwangerschaftsgestose (erhöhter Blutdruck, Ödeme, Eiweißausscheidung) mit Krankenhausaufnahme	
Unfälle	
Infektionskrankheit	
Röntgenuntersuchung oder Bestrahlungen im 1. Trimenon	
Medikamente	
Alkohol	
Rauchen ($\geq$ 5 Zigaretten/Tag)	
Drogenabusus	
Operation mit Narkose	
Versuchte Schwangerschaftsunterbrechung	
Schwere seelische Belastung	
Abortgefahr mit Krankenhausaufnahme	
Schwere Krankheit	
Schwangerschaft $\geq$ 5	
Frühere/r Abort/e, Fehl-/Totgeburt/en	
Frühere Schwangerschaftskomplikationen	
Geburtsgewicht unter 2500 g/über 4500 g	
Geburtstermin frühzeitig ($\leq$ 37 Wochen)/übertragen ($\geq$ 42 Wochen)	
Geburt	
Hausgeburt	Sectio
Transport in Kinderklinik (Neonatologie)	Vorzeitiger Blasensprung (> 12 Std.)
Intensivmaßnahmen sofort nach der Geburt	Mekoniumhaltiges Fruchtwasser
Protrahiert (Wehenschwäche)/zu rasch	Hydramnion
Lageabweichung	Apgar (1 Min. $\leq$ 7; 5 Min. $\leq$ 8)
Nabelschnurumschlingungen	Mehrlinge
Plazentastörung	Pathologisches Kardiotokogramm
Zange oder Vakuum	
Neugeborenenperiode	
Ikterus mit Fototherapie/Blutaustausch	
Krämpfe	
Trinkschwierigkeiten	
Brutkasten	
Intensivmaßnahmen (Intubation, Beatmung, Schockbehandlung)	
Geburtstrauma (Frakturen)	
Pathologische Blutchemie	
Lebensgefährdende Erkrankungen (Sepsis, Operationen)	

Frostigs Entwicklungstest der visuellen Wahrnehmung (FEW) sowie der Koordinationstest für Kinder (KTK). Der Einsatz und die Aussagefähigkeit derartiger Tests nimmt jedoch mit zunehmendem Grad der Intelligenzminderung ab.

Ferner kann über verschiedene Fragebögen die soziale Anpassungsfähigkeit beurteilt werden. Hierzu zählen die deutsche Kurzform der Vineland Social Maturity Scale (VSMS) oder das Heidelberger Kompetenzinventar für geistig Behinderte. Die Beurteilung von Verhaltensauffälligkeiten kann über einen vom Verfasser bearbeiteten Verhaltensfragebogen für Kinder mit Entwicklungsstörungen (VFE) vorgenommen werden, der auf der australischen Developmental Behaviour Checkliste (DBC) beruht. Ein Ausschnitt ist in Tabelle 6 wiedergegeben.

Psychopathologische Diagnostik

Ein Schema für die psychopathologische Befunderhebung einschließlich der Erhebung einer Reihe spezifischer Befunde, die bei Verdacht auf einen bedeutsamen Entwicklungsrückstand erfragt werden müssen, kann Tabelle 7 entnommen werden. Über die kognitive Leistungsfähigkeit hinaus müssen die Entwicklung von Sprache und Motorik sowie verschiedene Merkmale der sozialen Anpassungsfähigkeit beurteilt werden. Neben der Beobachtung von Verhalten und Interaktion muß vor allem die Fremdbeurteilung von Eltern, Erziehern und anderen bedeutsamen Bezugspersonen berücksichtigt werden.

Körperliche Untersuchung

Menschen mit geistiger Behinderung können eine Vielzahl klinischer Syndrome aufweisen; daher muß immer eine sehr sorgfältige körperliche Untersuchung durchgeführt werden. Eine genaue Zuordnung der zahlreichen Dysmorphiezeichen ist nur dem Experten möglich. Ferner müssen Körpergröße und Gewicht sowie der Kopfumfang gemessen und in eine mit Prozentualen versehene Normkurve eingetragen werden. Die körperliche Untersuchung muß schließlich einen sorgfältigen entwicklungsneurologischen Status einschließen.

Zusatzdiagnostik

In der Regel sind bei der Erstuntersuchung auf geistige Behinderung im Kindesalter zahlreiche Zusatzuntersuchungen indiziert. Mit Sprach-, Hör- sowie Sehprüfungen werden die häufigen assoziierten Entwicklungsverzögerungen bzw. Behinderungen in diesem Bereich erfaßt. Eine zytogenetische Untersuchung ist nahezu regelhaft erforderlich. In Tabelle 8 sind die Indikationen aufgelistet. Weitere molekulargenetische Untersuchungen wie zum Beispiel eine DNA-Analyse können das Fragile-X-Syndrom, das Angelmann-Syndrom oder das Prader-Willi-Syndrom abklären. Das EEG ist immer bei gleichzeitig bestehenden Epilepsien erforderlich.

Tab. 6: Ausschnitt aus dem Verhaltensfragebogen für Kinder mit Entwicklungsverzögerungen

Name und Vorname des Kindes heutiges Datum: ______________
Geburtsdatum:

Es folgt eine Liste von Verhaltensmerkmalen von entwicklungsverzögerten Kindern. Viele der folgenden Verhaltensmerkmale treffen möglicherweise auf das Kind in Ihrer Betreuung nicht zu. Für jedes Merkmal, welches das Kind in Ihrer Betreuung **jetzt oder innerhalb der letzten 6 Monate** beschreibt, kreuzen Sie die **2** an, wenn dieses Merkmal **genau oder häufig** zutrifft. Kreuzen Sie die **1** an, wenn das Merkmal **etwas oder manchmal** zutrifft. Wenn das Merkmal **nicht** zutrifft, dann kreuzen Sie die **0** an. Dies gilt auch für Merkmale, die auf Ihr Kind gar nicht zutreffen können (z. B. „spricht zu viel" bei einem stummen Kind).

Bitte beantworten Sie alle Merkmale so gut Sie können, auch wenn Ihnen einige vielleicht ungeeignet erscheinen. **Unterstreichen Sie die Verhaltensweisen, die Ihnen Sorgen bereiten.**

	Das Kind	stimmt nicht (soweit Ihnen bekannt)	stimmt etwas oder manchmal	stimmt genau oder häufig
1.	wirkt niedergedrückt, verstimmt oder unglücklich.	0	1	2
2.	vermeidet Blickkontakt, schaut Ihnen nicht direkt in die Augen.	0	1	2
3.	ist unnahbar, in seiner eigenen Welt.	0	1	2
4.	ist beleidigend, beschimpft andere.	0	1	2
5.	arrangiert Objekte oder Abläufe in einer strengen Ordnung. Bitte beschreiben:	0	1	2
6.	schlägt mit dem Kopf (z. B. gegen die Wand).	0	1	2
7.	erregt sich übermäßig.	0	1	2
8.	beißt andere.	0	1	2
9.	kann keine Aktivität über eine bestimmte Zeit ausführen, schlechte Konzentration.	0	1	2
10.	nimmt Objekte oder Körperteile in den Mund oder kaut darauf.	0	1	2
11.	weint leicht ohne Grund oder bei geringer Aufregung.	0	1	2
12.	läuft mit Absicht davon.	0	1	2
13.	hat Wahnvorstellungen: eine feste Überzeugung oder Idee, die nicht wahr sein kann. Bitte beschreiben:	0	1	2
14.	ist bekümmert, allein zu sein.	0	1	2
15.	zeigt keine Zuneigung gegenüber anderen.	0	1	2
16.	reagiert nicht auf die Gefühle anderer: zeigt z. B. keine Reaktion auf das Weinen eines Familienmitgliedes.	0	1	2
17.	ist leicht von seinen Aufgaben abgelenkt, z. B. durch Geräusche.	0	1	2

Tab. 7: Der psychopathologische Befund

A.	**Allgemeine Befunde**
1.	Äußeres Erscheinungsbild
2.	Kontaktverhalten und Kooperation
3.	Psychomotorik
4.	Wachheitsstörungen
5.	Orientierung
6.	Denken
7.	Stimmung und Affekte
8.	Auffassung
9.	Konzentration
10.	Anriebslage
11.	Gedächtnis und Merkfähigkeit
12.	Wahrnehmung
13.	Ichstörungen
14.	Zwänge und Phobien
B.	**Spezifische Befunde**
1.	Sprachlicher Entwicklungsstand
2.	Motorischer Entwicklungsstand
3.	Körper- und/oder Sinnesbehinderung
4.	Selbstversorgungsfertigkeiten
5.	Sauberkeitsverhalten
6.	Eßverhalten
7.	Sozialfertigkeiten
8.	Kulturtechniken und Alltagsfertigkeiten
9.	Schlafverhalten
10.	Stereotypien
11.	Automutilation

Tab. 8: Indikationen für die zytogenetische Untersuchung bei geistiger Behinderung

Bekannte Syndrome mit Chromosomenaberration
Uncharakteristische Syndrome bei Kombination folgender Symptome: – Anomalien von Kopf und Gesicht (kraniofaziale Dysmorphie) – Anomalien von verschiedenen Organsystemen (Herz-Kreislauf, Magen-Darm) – Geistige Behinderung – Wachstumsrückstand
Unklare Geschlechtszuordnung
Verdacht auf Fragiles-X-Syndrom bei Knaben (Familienanamnese, Aussehen, Verhalten)

Unter den verschiedenen biochemischen Analysen spielt das Aminosäurenscreening eine herausragende Rolle, zumal auf diesem Wege zahlreiche Stoffwechselstörungen erfaßt werden können. Mit neuroradiologischen Untersuchungen (MRT, CT) werden Hirnläsionen, Ventrikelanomalien, Atropien, Verkalkungen und andere Anomalien vor allem bei schwereren Formen einer geistigen Behinderung erfaßt. Schließlich können bei speziellen Indikationen serologisch-immunologische Untersuchungen, Hormonanalysen, Liquoruntersuchungen sowie Biopsien erforderlich werden.

Literatur

Birch HG, Richardson SA, Baird D, Horobin G, Ilsley R. Mental Subnormality in the Community: A Clinical and Epidemiological Study. Baltimore: Williams & Wilkins 1970.

Corbett JA. Population studies in mental retardation. In: Epidemiological Approaches in Child Psychiatry. Graham P. Ed. London: Academic Press 1977; 305–22.

Gillberg C, Persson E, Grufman M, Themner U. Psychiatric disorders in mildly and severely mentally retarded urban children and adolescents: epidemiological aspects. Br J Psychiatry 1986; 149: 68–74.

Jacobson JW. Problem behavior and psychiatric impairment within a developmentally disabled population. I: Behavior and frequency. Appl Res Ment Retard 1982a; 3: 121–39.

Jacobson JW. Problem behavior and psychiatric impairment within a developmentally disabled population. II: Behavior severity. Appl Res Ment Retard 1982b; 3: 369–81.

Neuhäuser G, Steinhausen H-C. Hrsg. Geistige Behinderung. 2. erweiterte und überarbeitete Auflage. Stuttgart: Kohlhammer 1999.

Steinhausen H-C. Psychische Störungen bei Kindern und Jugendlichen. 4. erweiterte und überarbeitete Auflage. München: Urban & Fischer 2000.

Scott S. Mental Retardation. In: Child and adolescent psychiatry. Modern approaches. Rutter M, Taylor E, Hersov L (Hrsg). Oxford: Blackwell 1994; 617–46.

Ethik, Patientenrechte von Menschen mit geistiger Behinderung

unter besonderer Berücksichtigung der Gewalt und sexuellen Gewalt gegen Menschen mit geistiger Behinderung in institutionellen Abhängigkeitsverhältnissen – mit Verweis auf rechtliche Grundlagen[1]

J. M. Fegert

Diskriminierungsverbot

Es ist sicher kein Zufall, daß das grundgesetzliche Diskriminierungsverbot des Artikel 3 GG (alle Menschen sind vor dem Gesetz gleich; eine Übersicht über die im Text angeführten gesetzlichen Vorschriften findet sich in Tabelle 5) erst bei einer der jüngeren Änderungen des GG (Gesetz zur Änderung des GG vom 14.11.94 BGBl. S. 3146) dahingehend geändert wurde, daß der Satz „Niemand darf wegen seiner Behinderung benachteiligt werden" in den Artikel 3 aufgenommen wurde. Dadurch sind auch Menschen mit geistiger Behinderung als Rechtssubjekte mit Selbstbestimmungsrechten, Informationsrechten etc. wahrgenommen worden und nicht nur als Inanspruchnehmer „sozialer Wohltaten" der Pflege und Betreuung. Sehr ausführlich geht die UN-Kinderrechtskonvention auf die Situation von behinderten Kindern ein.

In **Artikel 23 Abs. 1** heißt es dort wörtlich: „Die Vertragsstaaten erkennen an, daß ein geistig oder körperlich behindertes Kind ein erfülltes und menschenwürdiges Leben unter Bedingungen führen soll, welche die Würde des Kindes wahren, seine Selbständigkeit fördern und seine aktive Teilnahme am Leben der Gemeinschaft erleichtern."

---

[1] Vorgestellt werden u. a. Ergebnisse aus dem Forschungsprojekt *„Sexuelle Gewalt in der Lebenswirklichkeit von Mädchen und Frauen mit geistiger Behinderung – die Sicht der Betroffenen. Analyse bestehender institutioneller Hilfsmöglichkeiten und eine bedarfsorientierte Versorgungsplanung"* (Laufzeit: 1995–1997). Es wurde finanziert von der Berliner Senatsverwaltung für Arbeit, Berufliche Bildung und Frauen im *„Förderprogramm Frauenforschung"*. Das Projekt war angesiedelt an der Forschungsgruppe Kinder und Jugendliche der Klinik für Psychiatrie, Psychosomatik und Psychotherapie des Kindes- und Jugendalters, Universitätsklinikum Charité der Humboldt-Universität, Campus Virchow-Klinikum; Direktorin: Prof. Dr. U. Lehmkuhl; Projektleitung: Dipl. Päd. S. Klein, Dipl. Psych. S. Wawrok; Wissenschaftliche Betreuung: Prof. Dr. J. M. Fegert, Universität Rostock; Praxisberatung: Psychotherapeutin M. Warndorff.

Artikel 23 Abs. 2: „Die Vertragsstaaten erkennen das Recht des behinderten Kindes auf besondere Betreuung an und treten dafür ein und stellen sicher, daß dem behinderten Kind und den für seine Betreuung Verantwortlichen im Rahmen der verfügbaren Mittel auf Antrag die Unterstützung zuteil wird, die den Zustand des Kindes sowie den Lebensumständen der Eltern oder anderer Personen, die das Kind betreuen, angemessen ist."

Artikel 23 Abs. 3: „In Anerkennung der besonderen Bedürfnisse eines behinderten Kindes ist nach Abs. 2 gewährte Unterstützung soweit irgend möglich und unter Berücksichtung der finanziellen Mittel der Eltern und anderer Personen, die das Kind betreuen, unentgeltlich zu leisten und so zu gestalten, daß sichergestellt ist, daß Erziehung, Ausbildung, Gesundheitsdienste, Rehabilitationsdienste, Vorbereitung auf das Berufsleben und Erholungsmöglichkeiten dem behinderten Kind tatsächlich in einer Weise zugänglich sind, die der möglichst vollständigen sozialen Integration und individuellen Entfaltung des Kindes einschließlich seiner kulturellen und geistigen Entwicklung förderlich ist."

Umsetzung im Sozialrecht

Nachdem in der jungen Bundesrepublik nach dem Kriege zunächst sozialrechtliche Ansprüche für Kriegsversehrte etabliert worden sind, entstand im BSHG ein Rechtsanspruch auf Eingliederungshilfe, der im § 39 BSHG kodifiziert ist. Dieser Rechtsanspruch ist begründet bei Kindern und Erwachsenen, welche unter einer wesentlichen körperlichen oder geistigen Behinderung leiden. Durch die Einführung des KJHG wurde der Eingliederungshilfetatbestand für Kinder und Jugendliche, bei denen eine seelische Behinderung vorliegt, unter der Norm des § 35a SGB VIII (KJHG) ins Jugendhilferecht eingeführt. Dadurch entstand nun eine bisher nicht gelöste mißliche Konkurrenzsituation mit unterschiedlicher Kostenträgerzuständigkeit bei unterschiedlichen Behinderungsformen. Gerade junge Menschen, welche neben einer geistigen Behinderung auch unter psychischen Störungen leiden (solche Störungen treten bei Kindern und Jugendlichen mit geistiger Behinderung im Vergleich zur Normalbevölkerung erheblich häufiger auf, vgl. Neuhäuser, Steinhausen 1990), sind von einem eventuell hieraus resultierenden Zuständigkeitsgerangel betroffen. Diese Situation ist deshalb brisant, weil der Gesetzgeber des KJHG die Schwelle des Rechtsanspruchs gesenkt hat, auch die drohende seelische Behinderung wurde als anspruchsbegründende Tatsache aufgenommen und der Zusatz „wesentliche Behinderung" ist weggefallen. Gleichzeitig ergab sich gerade für die kostenintensiven stationären Maßnahmen und Hilfen eine neue finanzielle Zuständigkeit, die im Bereich des KJHG oder der Kommune liegt, während stationäre Maßnahmen nach § 39 BSHG vom überörtlichen Sozialhilfeträger geleistet werden. In Zeiten knapper Kassen führt diese unterschiedliche Trägerzuständigkeit vielerorts zu nicht enden wollenden Zuständigkeitsstreitigkeiten, die gerade für die doppelt schwer betroffenen Kinder häufig eine eindeutige Benachteiligung darstellen. Gerade weil Menschen einen Anspruch darauf haben, als ganzheitliche Wesen wahrgenommen zu werden, ist es unsinnig, wenn der

Gesetzgeber so tut, als wenn man Behinderungsformen in sauber abgetrennte Kästchen einordnen oder gar Prozentanteile geistiger versus seelischer Behinderung gegeneinander statistisch exakt abwägen könnte. Der ganze Mensch hat einen Anspruch auf eine adäquate Hilfeleistung, deshalb ist es wichtig zu betonen, daß schon im SGB I, dem einleitenden generellen SGB, die Eingliederung Behinderter in § 10 eindeutig als Ziel herausgestellt wird: „Wer körperlich, geistig oder seelisch behindert ist oder wem eine solche Behinderung droht, hat unabhängig von der Ursache der Behinderung ein Recht auf die Hilfe, die notwendig ist, um

1. die Behinderung abzuwenden, zu beseitigen, zu bessern, ihre Verschlimmerung zu verhüten oder ihre Folgen zu mindern;
2. ihm einen seinen Neigungen und Fähigkeiten entsprechenden Platz in der Gemeinschaft, insbesondere im Arbeitsleben, zu sichern.“

§ 29 SGB I führt mögliche Leistungen zur Eingliederung Behinderter auf; im oben ausgeführten Streitfall hat der § 43 SGB I besondere Bedeutung erlangt. Dieser regelt vorläufige Leistungen. Wenn ein Anspruch auf Sozialleistungen besteht, aber zwischen mehreren Leistungsträgern streitig ist, wer zur Leistung verpflichtet ist, kann der zuerst angegangene Leistungsträger vorläufig Leistungen erbringen, deren Umfang er nach pflichtgemäßem Ermessen bestimmt. Dies bedeutet, daß im Einzelfall mit etwas gutem Willen sowohl das Jugendamt als auch das Sozialamt zunächst einmal die Hilfe für das mehrfach betroffene Kind einleiten könnten, um dann innerbehördlich zu klären, wie diese Hilfe finanziert werden soll. In der Regel werden diese Streitigkeiten aber auf dem Rücken der Betroffenen ausgetragen. Deshalb ist es wichtig, daß im gleichen Abs. 1 des § 43 dann weiter festgestellt wird, daß der zuerst angegangene Leistungsträger solche Leistungen zu erbringen hat, wenn der Berechtigte es beantragt. Vorläufige Leistungen beginnen dann spätestens nach Ablauf eines Kalendermonats nach Eingang des Antrags. Leider ist vielen Anspruchsberechtigten diese Regelung und die Bedeutung der schriftlichen Antragstellung nicht bekannt. Deshalb sollte jede Person, die sich professionell der Unterstützung von Menschen mit geistiger Behinderung widmet, auch über solche im Sozialrecht verstreuten Hinweise zur Sicherung von Rechtsansprüchen informiert sein. Ein weiteres sozialrechtliches Abgrenzungsproblem, was gerade bei der therapeutischen Versorgung von Menschen mit geistiger Behinderung von erheblicher Relevanz ist, ist die Abgrenzung heilpädagogischer Leistungen von der psychiatrischen bzw. kinder- und jugendpsychiatrischen und psychotherapeutischen Krankenbehandlung. Auch hier findet man nicht selten den Ansatz, Menschen mit geistiger Behinderung generell das Recht auf eine stationäre oder ambulante Psychotherapie abzusprechen, da bei ihnen ohnehin eher heilpädagogische Maßnahmen greifen würden. In diesem Zusammenhang ist das Urteil des Bundessozialgerichtes vom 23.02.1999 relevant (Akz. B1 KR 14/ 97R), wo in einer von einer Krankenkasse angestrebten Revision das Urteil eines Landessozialgerichtes bestätigt wurde, nachdem bei einer solchen stationären Krankenhausbehandlung mit einem speziellen Behandlungsprogramm aus pädagogischen und verhaltenstherapeutischen Maßnahmen mit dem Ziel einer Integration in eine Wohngemeinschaft fur Behinderte eindeutig ein Erstattungsanspruch bestand. Auf verschiedenen Verfahrensebenen waren Sachverständige und Behandler angehört worden, und die

Obergerichte kamen übereinstimmend zu dem Schluß, daß die angewandte Therapie die personellen und sächlichen Mittel eines Krankenhauses erforderte und demzufolge eine Krankenhausbehandlung im Sinne des § 39 Abs. 1 SGB V vorgelegen habe. „An der Ernsthaftigkeit und Unbedingtheit des Erstattungsbegehrens" bestehe kein Zweifel.

Die Behandlung des betroffenen Menschen mit geistiger Behinderung war auf einer geschlossenen Station für geistig und mehrfach behinderte Menschen erfolgt, weshalb die klagende Krankenkasse der Ansicht war, daß dort die Situation einer „reinen Pflegestation" vorgelegen habe. Dieses Urteil ist vor allem deshalb von weitreichender Bedeutung, weil es eindeutig auch bei schwer beeinträchtigten Patienten mit chronifizierten Problemlagen intensive therapeutische Maßnahmen im Sinne einer psychotherapeutischen Krankenbehandlung mit einem Eingliederungsziel sanktioniert. Das Bundessozialgericht stellt fest, daß die Maßnahmen des Krankenhauses darauf ausgerichtet waren, den psychischen Zustand der Patientin zu bessern, um insbesondere ihre Neigung zu aggressiven Entgleisungen durch verhaltenstherapeutische Maßnahmen soweit einzudämmen, daß die Eingliederung in eine Wohngruppe für Behinderte mit ambulanter ärztlicher Betreuung ermöglicht wurde. Dieses Urteil sollte als Ermutigung angesehen werden, auch im Pflegebereich immer wieder zu evaluieren, ob nicht spezifische Behandlungsinterventionen, insbesondere psychotherapeutische und psychopharmakologische Behandlungsansätze, zu einer Verbesserung der Lebenssituation von Betroffenen führen könnten. Sind solche Behandlungsziele gegeben, steht nicht zur Debatte, daß der Anspruch auf Krankenbehandlung und die rechtmäßige Erstattung der Kosten durch die Krankenkasse auch bei Menschen mit geistiger Behinderung besteht.

Einwilligungsfähigkeit

Durch die öffentliche politische Debatte über die Bioethikkonvention ist die Thematik der Einwilligungsfähigkeit bzw. auch der medizinischen Forschung an einwilligungsunfähigen Menschen gerade in der Bundesrepublik breit diskutiert worden. So führten sechs Verbände von und für Menschen mit Behinderungen vom 26. bis 28. März 1998 in Kassel eine Tagung „Menschwürde contra Bioethik" durch. Als Thema wurde die Erarbeitung einer gemeinsamen parteilichen Position von Menschen mit Behinderungen in der Auseinandersetzung um diskriminierende und selektierende Tendenzen in der Gesellschaft angegeben.

Andererseits muß gesehen werden, daß gerade die deutschen Vorbehalte, die bisher die Ratifizierung der Europäischen Bioethikkonvention verhindert haben, dazu führen, daß viele moderne Medikamente an Menschen mit geistiger Behinderung „off label", d. h. ohne offizielle Zulassung, verschrieben werden. Aus dem generellen Verzicht auf Forschung an nicht einwilligungsfähigen Personen könnte deshalb in der Folge eine ethisch nicht zu verantwortende Schlechterstellung resultieren, da für spezielle Indikationen, die vor allem diesen Personenkreis betreffen, dann keine moderneren Medikamente mehr untersucht werden könnten und so Weiterentwicklungen prinzipiell ausgeschlossen wären (vgl. Fegert et al. 1999, darin insbesondere die Beiträge von Fischer, Taupitz, Honnefelder, Helmchen, Rothärmel, Doppelfeld). Wegweisend für eine Lösung des Dilemmas könnte der Umgang mit der Aufklärung und Einwilligung von Kindern und Jugendlichen sein, wie ihn die Europäische Note for Guidance vorsieht (vgl. Kreutz 1999). Dort wird auch nicht einwilligungsfähigen Kindern ein absolutes Vetorecht gegen die Durchführung von Medikamentenversuchen eingeräumt, und es werden gleichzeitig die Informationspflichten ausführlich dargelegt. Es ist völlig außer Zweifel, daß nach den schrecklichen Verbrechen durch Ärzte in der Zeit des Nationalsozialismus im Rahmen der Tötungsaktion T4 und im Rahmen sogenannter „wilder Krankentötungen" hier besonders hohe ethische Kontrollen, wie sie die Konvention von Helsinki vorsieht, aufrechterhalten werden müssen. Andererseits dürfen ethische Schutzbestimmungen nicht dazu führen, daß bestimmten Patientengruppen die bestmögliche Behandlung, die ihnen arztrechtlich ebenfalls zusteht, vorenthalten bleibt. § 41 Nr. 3 AMG (Arzneimittelgesetz) regelt die Mitentscheidung des Minderjährigen beim Heilversuch. Insgesamt ist die Frage der Einwilligungsfähigkeit eine zentrale ethische Frage für verschiedene Behandlungskontexte von Menschen mit geistiger Behinderung, da im deutschen Arztrecht alle Informationsrechte an die Einwilligungsfähigkeit gekoppelt sind. Diese Verknüpfung von Information und Einwilligung im Konzept des „Informed consent" erweist sich als „Falle" für die Betroffenen, sobald das Konstrukt der stellvertretenden Einwilligung – wie z. B. bei Kindern – herangezogen wird (vgl. Rothärmel et al. 1999). Ebenso wie für Kinder und Jugendliche sind auch für Menschen mit geistiger Behinderung, welche aufgrund einer leichten geistigen Behinderung durchaus zur Aufnahme von strukturiert dargebotenen Informationen in der Lage sind, ebenfalls entsprechende Informationsrechte zu fordern. Die Frage der Ausgestaltung von Vetorechten ist umstritten. Je stärker aber ärztliche Eingriffe direkte Bereiche der Menschenwürde betreffen, um so klarer wird, daß hier der Betroffene, auch wenn er als nicht einwilligungsfähig angesehen wird, ein direktes Vetorecht haben sollte (vgl. § 1905 Abs. 1 Nr. 1 BGB „Unzulässigkeit der Sterilisation bei entgegenstehendem Willen des Betreuten"). Um den Mangel der institutionellen Abhängigkeit zu heilen, wurde im Rahmen des Betreuungsrechts seit Januar 1992 die eigenständige Rechtsposition der Betroffenen gestärkt. Betroffene sind verfahrensfähig, unabhängig von ihrer Geschäftsfähigkeit (§ 66 FGG). Der Betreuer ist verpflichtet, den Wünschen des Betreuten zu entsprechen (§ 1901 Abs. 3 BGB). Wie dies allerdings verwirklicht werden soll, ist auch in den Kommentierungen meines Erachtens nicht hinreichend dargestellt. Hier ergibt sich ein ähnliches Spannungsfeld wie zwischen den Konstrukten des Kindeswohls und des Kindeswillens, da der Betreuer einerseits die Wünsche und den Willen des Betreuten berücksichtigen soll, andererseits insgesamt dafür Sorge tragen soll, daß das Bestmachbare geschieht. In der Debatte über die Qualitätsmerkmale von Verfahrenspflegschaften (vgl. Weber, Zitelmann 1999 sowie die Dokumentation der Tagung zum Verfahrenspfleger in der Evang. Akademie Bad Boll 1999 [Gemeinschaftswerk der Ev. Publizistik e. V. 1999]) wurde deutlich, daß das Einbringen und die Berücksichtigung der Willensäußerung ins Verfahren wohl als ethisches Gebot unumstritten ist, selbst wenn ein Verfahrenspfleger dann hinsichtlich der Gesamteinschätzung, welche Lösung dem Wohl am besten entspricht, eine andere Position vertritt. Auch bei der Bestellung eines Betreuers sind die Rechte der Betroffenen zu wahren, d. h. es besteht die Notwendigkeit der richterlichen Anhörung vor der Bestellung. Diese kann nur unterbleiben, wenn ein ärztliches Gutachten erhebliche Nachteile für die Gesundheit des Betroffenen befürchten läßt oder nach unmittelbarem Eindruck des Gerichts der/die Betroffene nicht in der Lage ist, den Willen kundzutun (§ 68 FGG). Ein Verfahrenspfleger muß im Betreuungsrecht eingesetzt werden, wenn von der Anhörung des Betroffenen abgesehen oder wenn ein Betreuer für alle Aufgabenkreise bestellt werden soll (§ 67 FGG). Ein Verfahrenspfleger muß bei Kindern und Jugendlichen eingesetzt werden, wenn Interessenkollision zwischen Kindes- und Elterninteressen zu befürchten ist, insbesondere bei einer Kindeswohlgefährdung und Maßnahmen, die mit Fremdplazierung verbunden sind (§ 50 FGG).

Wegen der oben angeführten prekären Situation der Entscheidung in bezug auf weitreichende medizinische Behandlungen oder Eingriffe in Persönlichkeitsrechte von Betreuten ist für solche Maßnahmen eine Genehmigungspflicht durch das Gericht vorgesehen. Jede Heilbehandlung oder jeder ärztliche Eingriff, der die Gefahr schwerer oder längerer gesundheitlicher Beeinträchtigung mit sich bringt oder ein Mortalitätsrisiko in sich birgt, kann nicht allein mit Zustimmung des Betreuers durchgeführt werden (§ 1904 BGB). Dies gilt selbstverständlich auch für die Sterilisation des Betreuten (§1905 BGB). Insbesondere sind Maßnahmen der Freiheitsentziehung oder gar der Fixierung (§1906 BGB) nur mit gerichtlicher Genehmigung außerhalb der Akutsituation zulässig. Auch die Kündigung der Wohnung eines Betreuten bedarf einer gerichtlichen Entscheidung.

Diese Entscheidung hat sich allein am Wohl des Betroffenen zu orientieren, d. h. daß Fixierungwünsche, die auf Folgen institutioneller Vernachlässigung insbesondere durch mangelndes Personal zurückzuführen sind, grundsätzlich illegal sind. Eine immer noch anzutreffende Fixierung am Bett oder ein Windeln, weil z. B. nachts keine hinreichende Aufsicht gewährleistet ist, ist ethisch nicht zu rechtfertigen. Ökonomischer Druck auf Pflegekosten kann und darf nicht zu Eingriffen in Persönlichkeitsrechte führen. Dennoch sind viele Betroffene überhaupt nicht in der Lage, sich zu beschweren, und keiner nimmt sie in solchen bedauernswerten Situationen besonderer Abhängigkeit wahr. Insofern ist in den letzten Jahren über die Thematik institutioneller Vernachlässigung und über die Problematik der besonderen Gefährdung institutionell untergebrachter Personen gegenüber Gewalt und sexueller Gewalt verstärkt wissenschaftlich gearbeitet worden.

Institutionelle Vernachlässigung und institutioneller Mißbrauch

Unter ökonomisch schwierigen Verhältnissen und angesichts zahlreicher Einsparversuche im Bereich der Pflege bekommt die ohnehin erst in den letzten Jahren aktiver geführte Diskussion um sog. institutionelle Vernachlässigung neue Brisanz. Furey und Nielsen (1994) definierten, institutionelle Vernachlässigung liege vor, „wenn die Institution, die die Dienstleistungen bereitstellt, es versäumt, geistig behinderte Bewohner zu beschützen", mit dem Ergebnis, daß diese Opfer werden. Hierzu zählen systematische Verknappung von Ressourcen oder z. B. eine Dienstplangestaltung, die dazu führt, daß Bewohner untereinander Gewalt ausüben bzw., weil die notwendige Aufsicht nicht gewährleistet werden kann, Bewohner in ihrer Freiheit bis hin zur Fixierung eingeschränkt werden. Unter institutionellem Mißbrauch verstehen Furey und Nielsen (1994) „Umgangsweisen, die dazu geführt haben, daß Bewohnerinnen unfähig sind, ihre Sexualität angemessen zu erleben bzw. auszudrücken". Zu diesen Praxen kann die Tabuisierung sexuellen Verhaltens, die Trennung von Bewohnern nach Geschlecht gehören oder auch das Nichtvorhandensein von sexueller Aufklärung, Sexualerziehung sowie andauernder sexueller Mißbrauch durch Mitarbeiter oder Mitbewohner. Die sexuelle Gewalt an betreuten Menschen mit geistiger Behinderung stellt ein Tabuthema innerhalb des Tabuthemas der sexuellen Gewalt gegen Mädchen oder Frauen dar, obwohl oder auch gerade „weil sich hier die gesellschaftliche Diskriminierung behinderter Frauen von ihrer krassesten Seite zeigt." (Degener 1990). Aufgrund dieser prekären Abhängigkeitssituation hat der Gesetzgeber mit dem 6. Strafrechtsänderungsgesetz 1998 auch die Bestimmungen des § 174 StGB „Sexueller Mißbrauch von Schutzbefohlenen" geändert. § 174a StGB stellt den sexuellen Mißbrauch von Gefangenen, behördlich Verwahrten oder Kranken und Hilfsbedürftigen in Einrichtungen unter Strafe. § 174b StGB betrifft den sexuellen Mißbrauch unter Ausnutzung einer Amtsstellung. In § 174c StGB wird sexueller Mißbrauch unter Ausnutzung eines Beratungs-, Behandlungs- und Betreuungsverhältnisses sanktioniert. Gerade der Bereich der Sexualität von Menschen mit geistiger Behinderung ist in Deutschland lange Zeit ein spezielles Tabu gewesen, da auch lange nach der Ära des Nationalsozialismus von der damaligen Ideologie implantierte Allgemeinplätze im weiteren (auch wissenschaftlichen) Diskurs der Bundesrepublik unverändert erhalten blieben. So galten Mädchen und Frauen mit geistiger Behinderung als besonders „fortpflanzungsgefährlich". Gütt, Rüding und Ruttke schrieben 1930 zur Vorbereitung der Debatte um das erste, von den Nationalsozialisten später umgesetzte Gesetzesvorhaben, daß gerade bei „hochgradig Schwachsinnigen (...) die Gefahr einer Schwängerung nicht unerheblich (ist)" (zit. nach Köbsell 1987). Schon Kankeleit (ebenfalls zit. nach Köbsell 1987) forderte insbesondere die Sterilisation geistig behinderter Frauen: „Die Zahl der entarteten Individuen, die geboren werden, hängt hauptsächlich von der Zahl fortpflanzungsfähiger entarteter Frauen ab. Die Sterilisation der Frau ist deshalb rassehygienisch wichtiger als die des Mannes". Es ist mittlerweile unstrittig, daß solche Vorstellungen auch nach dem Krieg fortwirkten, da z. B. deutlich mehr Mädchen mit geistiger Behinderung als Jungen vor der Einführung des neuen Betreuungsrechtes sterilisiert worden sind. Noch 1984 bzw. 1985 begründete die Lebenshilfe ihr Ja zur Sterilisation damit, daß „die meisten Schwangerschaften geistig behinderter Mädchen (...) durch Nichtbehinderte verursacht werden." Dabei wurde in der damaligen Diskussion überhaupt nicht reflektiert, was diese konkrete Aussage in ihrer ganzen Wahrheit bedeutet. Sie bedeutet in der Regel, daß Mädchen und Frauen mit geistiger Behinderung in Abhängigkeitsverhältnissen auch Opfer sexuellen Mißbrauchs werden. Der fatale Schluß, der damals gezogen wurde, war die Verwechslung der Verwischung von Spuren und der Verhinderung von Folgen mit der *Beseitigung* des Übels. Mißbrauch an behinderten Mädchen und Frauen kann ja nicht dadurch verhindert werden, daß durch einen massiven Eingriff in ihre Selbstbestimmung, d. h. durch die Vornahme einer Sterilisation, die Extremfolge „Schwangerschaft" vermieden wird. Letztendlich könnte diese Stellungnahme zugunsten der Sterilisation fast als zynischer Freibrief für die sexuelle Ausbeutung von Frauen mit geistiger Behinderung angesehen werden. Dies sei allerdings den damaligen Autoren jener Stellungnahme nicht unterstellt, vielmehr spiegelt sie als ein zeitgeschichtliches Dokument die Tatsache wider, daß zu einem Zeitpunkt, in dem in der Bundesrepublik zum ersten Mal mit viel Nachdruck und öffentlichem Aufsehen eine Debatte um die Folgen des sexuellen Mißbrauchs an Kindern begonnen hatte, gleichzeitig im Kontext von geistiger Behinderung und institutioneller Betreuung überhaupt keine Konsequenzen aus diesem öffentlich breit diskutierten Thema gezogen werden konnten. Insofern verwundert es wenig, daß sexuelle

Tab. 1: Frauen mit geistiger Behinderung als Opfer sexueller Gewalt (Klein, Wawrok 1998)

Studie	Größe der Zielgruppe	Opferstatus		Befragter/ Befragte
		absolut	Prozent	
Noack, Schmidt 1994	?	443	?	Leiter/Leiterinnen
Zemp, Pircher 1997	130	73	63,0	Bewohnerinnen
Klein, Wawrok 1998	116	32		Leiter/Leiterinnen
Furey, Nielsen 1994	171	40	56,0	Akten des „Connecticut Office of Protection and Advocacy for Persons with Disabilities"
Chamberlain et al. 1984	174	~ 44	25	Akten der „Cincinatti Adolescent Clinic"
Hard 1986	65	54	83,0	Akten und Befragung der Zielgruppe in Werkstatt
Sobsey, Doe 1991	162	132	81,7	Betroffene und Bezugspersonen

Tab. 2: Männer mit geistiger Behinderung als Opfer sexueller Gewalt (Klein, Wawrok 1998)

Studie	Größe der Zielgruppe	Opferstatus		Befragter/ Befragte
		absolut	Prozent	
Noack, Schmidt 1994	?	131	?	Leiter/Leiterinnen
Zemp, Pircher 1997	117	58	49,5	Bewohner
Furey, Nielsen 1994	171	32	44,0	Akten des „Connecticut Office of Protection and Advocacy for Persons with Disabilities"
Hard 1986	65	21	32,0	Akten und Befragung der Zielgruppe in Werkstatt
Sobsey, Doe 1991	162	30	18,3	Betroffene und Bezugspersonen

Mißbrauchshandlungen an Menschen mit geistiger Behinderung bislang nur sehr selten Gegenstand wissenschaftlicher Untersuchungen waren. Eine Übersicht über einige einschlägige Untersuchungen über Frauen mit geistiger Behinderung bzw. über Männer mit geistiger Behinderung als Opfer sexueller Gewalt geben die Tabellen 1 und 2.

Zusammenfassend kann trotz der insgesamt als heterogen zu bezeichnenden Datenlage festgestellt werden, daß die Häufigkeit sexuellen Mißbrauchs in Populationen von Menschen mit geistiger Behinderung in institutioneller Betreuung sicher nicht geringer als in der allgemeinen Bevölkerung ist. Wahrscheinlich hat man von deutlich erhöhten Zahlen auszugehen, wobei allerdings methodisch anzumerken ist, daß die in

Tab. 3: Männer mit geistiger Behinderung als Täter (Klein, Wawrok 1998)

Studie	**Größe der Stichprobe**	**Geschlecht des Opfers**		**Beziehung zum Opfer**	
		w	**m**	**w**	**m**
Zemp, Pircher 1997	32 Pers.	39	6	Mitbew. (un)bek. Pers.	Mitbew. Betreuer (un)bek. Pers.
Gebhard et al. 1965	10–20% aller untersuchten Delinquenten	?	?	?	?
Furey, Nielsen 1994	172 Pers.				
Griffith et al. 1985, zit. nach Furey, Nielsen 1994	?				

Tab. 4: Sexuelle Gewalt durch Männer mit Behinderung (aus: Zemp, Pircher, Schoibel 1997)

Kategorien von sexueller Gewalt	**verübt an Männern**		**verübt an Frauen**		**Gesamt**	
	absolut	**Prozent**	**absolut**	**Prozent**	**absolut**	**Prozent**
Geschlechtsteil berührt	**4**	**57,1**	**10**	**24,4**	14	29,8
Glied gezeigt/ selbstbefriedigt	0	0	2	4,9	2	4,3
festgehalten und geküßt	**2**	**28,6**	**16**	**39,0**	18	38,3
jmd. ausgezogen oder dies versucht	0	0	**6**	**14,6**	6	12,8
jmd. gezwungen, Glied anzufassen	1	14,3	3	7,3	4	8,5
jmd. gezwungen, Glied in den Mund zu nehmen	0	0	1	2,4	1	2,1
Vergewaltigung	0	0	3	7,3	3	6,4
Gesamt	**7**	**14,9**	**41**	**87,2**	**48**	**100**

den vorhandenen Studien gewählten Zugänge unter verschiedenen Verfälschungsrisiken leiden. Dabei wäre zuerst der retrospektive Zugang über Akten zu nennen oder auch die Befragung von Experten, die natürlich nur den Teil thematisiert, der institutionell wahrgenommen wird. Gerade die kommunikative Einschränkung der Betroffenen macht häufig direkte Erhebungsformen bei stärker beeinträchtigten Menschen besonders schwierig. Erst in jüngerer Zeit wurde außerhalb des forensischen Kontextes und mit Bezug auf Gewaltverhältnisse innerhalb von Einrichtungen die Thematik von männlichen Jugendlichen und Männern mit geistiger Behinderung als Täter gegenüber Betreuern und Mitbewohnern angesprochen (vgl. Tab. 3). Am ausführlichsten gibt hier die Untersuchung von Zemp, Pircher und Schoibel (1997) Auskunft (vgl. Tab. 4).

Aufgrund der Tatsache, daß in Berlin eine relativ differenzierte spezifische Beratungslandschaft für Opfer sexuellen Mißbrauchs bestand und wir aber – wie sich zeigte – begründete Zweifel hegten, ob dieses staatlich subventionierte Angebot Betroffene mit geistiger Behinderung überhaupt erreicht, beantragten Klein und Wawrok 1995 bei der Berliner Senatsverwaltung für Arbeit, Frauen und Berufliche Bildung ein Forschungsprojekt zur Thematik der sexuellen Gewalt gegen Mädchen und Frauen in Einrichtungen für Menschen mit geistiger Behinderung. Dieses Projekt wurde von mir wissenschaftlich betreut. Schon beim Einstieg in die Erfassung der Basisdaten wurden die Forscherinnen mit einer Vielzahl von Zugangs- und Erfassungsproblemen konfrontiert (Klein, Wawrok, Fegert 1998). Die Betreuungsszene ist in ganz unterschiedlichen Trägern und Organisationsstrukturen ausdifferenziert. Die jeweiligen Bezeichnungen bestimmter Einrichtungen sagen wenig über die Ausgestaltung. So fanden Klein et al. (1998) mit gleicher Benennung höchst unterschiedliche Einrichtungen, während unter einheitlichen Bezeichnungen auch ganz unterschiedliche Einrichtungen wie eine Wohngruppe, Außenwohngruppe oder eher Einrichtungen mit Heimcharakter zusammengefaßt waren. Statistisch fehlen einheitliche Erhebungsraster. Selten sind statistische Daten mit allen relevanten Basisvariablen bis auf Wohngruppenebene herab klar durchgegliedert. Erschreckend war die Tatsache, daß in der Senatsstatistik die Kategorie „Geschlecht“ bei behinderten Menschen nicht erfaßt wurde. Zunächst muß das hier latent verborgene Vorurteil – behinderte Menschen hätten keine Sexualität – angeprangert werden. Erfaßt man diese in jeglicher Gesundheitsforschung zentrale Variable nicht, so ist es nicht verwunderlich, daß Situationen struktureller Gewalt, wie z. B. die Plazierung eines einzigen isolierten Mädchens zusammen mit neun Männern in einer Wohngruppe, der aufsichtsführenden Behörde überhaupt nicht auffallen kann. Um den spezifischen Unterschied der Situation des sexuellen Mißbrauchs an Menschen mit geistiger Behinderung im Kontrast zur allgemeinen Definition zu erfassen, führten Klein et al. qualitative Interviews mit den Einrichtungsleitern und -leiterinnen durch. Diese betonten, daß bei Menschen mit geistiger Behinderung vor allem ungleiche Machtverhältnisse und Abhängigkeitsstrukturen im Vordergrund stünden. Da der Vergewaltigungstatbestand bislang sehr viel mit der Frage der Einwilligung bzw. Nichteinwilligung des Opfers zu tun gehabt habe, spiele die Einwilligungsfähigkeit der Betroffenen und das Ernstnehmen ihrer ablehnenden Äußerungen eine besondere Rolle. Auch die Art der Übergriffe und die spezifischen Folgen für die Opfer seien unterschiedlich. Als sexuelle Gewalt wurde jede sexualisierte Handlung, die unter bewußter Ausnutzung von ungleicher Erfahrung, Wissen, Macht und Autorität vorgenommen wird, bezeichnet. Betroffen sind davon Mädchen, Frauen, Jungen und Männer mit einer geistigen Behinderung, die aufgrund ihrer psychischen, physischen und kognitiven oder sprachlichen Entwicklung nicht in der Lage sind, diese Handlungen zu verstehen, um sie als ausbeutendes oder nichtausbeutendes sexuelles Verhalten einzuordnen (Hallstein 1996). Als besondere Risikofaktoren für den sexuellen Mißbrauch bezeichneten die Einrichtungsleiter und -leiterinnen die kognitiven Schwierigkeiten der betreuten Personen, spezifische Probleme bei der Identitätsfindung und damit auch die Ausbeutungsgefahr durch die positive Zuwendung, die mit einer Beziehung zu einem Betreuer verbunden war, die Abhängigkeit von Hilfe und auch körperlicher Pflege und die permanente Alltäglichkeit von Fremdbestimmung. Die 1993 von Seifert durchgeführte Untersuchung zur Wohnsituation von Menschen mit geistiger Behinderung in Berlin ergab, daß mehr als 53 % von 8.054 erfaßten Menschen mit geistiger Behinderung in der Herkunftsfamilie lebten. 30 % lebten in Wohnheimen oder anderen betreuten Wohnformen, während 17 % in klinischen bzw. pflegenden Einrichtungen lebten. Aus einer Gesamtzahl von 367 Berliner Wohneinrichtungen, in denen auch Menschen mit geistiger Behinderung leben, gelang es uns, schließlich die 31 Einrichtungen herauszufinden, in denen Mädchen und Frauen mit geistiger Behinderung im Alter zwischen 12 und 25 Jahren lebten. Die Leiterinnen und Leiter dieser Einrichtungen gaben zu den 116 Mädchen und jungen Frauen unserer Zielgruppe aus diesen Einrichtungen an, daß bei 17 sicher sexuelle Gewalthandlungen stattgefunden haben und daß bei 15 weiteren sexuelle Gewalthandlungen vermutet wurden (Klein, Wawrok, Fegert 1998), d. h. bei jeder 3. bis 4. Bewohnerin zwischen 12 und 25 Jahren wissen oder vermuten die befragten Einrichtungsleiterinnen sehr stark, daß diese sexuelle Gewalt erlebt hat. In bezug auf die Zugänglichkeit der Beratungsangebote für sexuell mißbrauchte Mädchen und Frauen wollten wir nun herausfinden, ob diese wirklich auch von Menschen mit geistiger Behinderung genutzt werden konnten. Nach einer Literaturrecherche wurden zwei zentrale Kriterien definiert:

Tatsächlicher Zugang dieser betroffenen Gruppe sowie die *wahrgenommene Zugänglichkeit* (vgl. Senn 1993). Sehr schnell mußten wir dabei erfahren, daß fast alle Beratungsstellen prinzipiell äußerten, daß sie für alle Nutzer offen seien, daß sie aber keinerlei Anstrengungen unternommen hatten, die Zugänglichkeit für Menschen in den Institutionen, die nicht über hinreichende soziale Fertigkeiten verfügen, um z. B. telefonisch Termine zu vereinbaren etc., sicherzustellen. Tatsächlich verbarg sich hinter der scheinbar progressiven Äußerung, daß man für alle Menschen offen sei und daß man ohnehin von Klassifikationen wie geistige Behinderung etc. nichts halte, häufig auch die verdeckte Nichtwahrnehmung des Problems. Mit der Bennenung der Problematik war auch ein spezifisches Angebot verbunden. Verallgemeinert man die Ergebnisse, könnte auf der Basis dieser Studie festgestellt werden, daß die meisten Mädchen und Frauen mit geistiger Behinderung, die Opfer sexueller Gewalt werden, wenn sie überhaupt Hilfe erhalten, dann von den beim Träger der Einrichtung angestellten Psychologinnen oder Psychologen betreut werden. Dies führt sehr schnell zu einer Interessenkollision, wenn der Täter aus dem Kreis der Betreuer, d. h. aus dem Kreis der Bediensteten dieses Trägers, stammt. Generell konnte festgestellt werden, daß es weitgehend nicht gelungen ist, bei freien Trägern in der Kommune entstandene Angebote auch für institutionell betreute Menschen zugänglich zu machen. Die

Freiheitsgrade der Entscheidungsmöglichkeiten dieser Menschen auch bei der Nutzung von Hilfsangeboten sind deshalb erheblich eingeschränkt. Hieraus ergab sich die Forderung, daß das Problem der Gewalt innerhalb von Institutionen nicht allein über die Verschärfung strafrechtlicher Tatbestände thematisiert werden kann. Meine eigene Erfahrung mit Supervisionsgruppen von Betreuern aus Einrichtungen geistig Behinderter zeigt, daß in fast allen Einrichtungen Fälle bekannt sind, in denen Menschen mit geistiger Behinderung Opfer von Betreuungspersonen wurden. Häufig wird so reagiert, daß die Betroffene die Gruppe wechseln muß, während der angeschuldigte Erzieher oder Betreuer häufig unverändert an seinem Arbeitsplatz verbleibt. Sollten doch einmal Konsequenzen gezogen werden, verlassen diese Personen meistens fristgerecht und mit einem in einem positiven Tenor gehaltenen Arbeitszeugnis die Einrichtungen, um so ungehindert an anderer Stelle mit ihren Übergriffen fortfahren zu können. Da es für den ganzen Bereich der Pflege und Betreuung kein Standesrecht gibt und somit auch keine Approbation entzogen werden kann, gibt es keinerlei Schutzmöglichkeit, die der besonderen Garantenstellung Rechnung tragen würde, die durch die permanente enge Betreuung, Versorgung und Bevormundung bis in den Intimbereich hinein gegeben ist. Hier sollte im Sinne einer berufsethischen Diskussion durchaus über eine berufsständische Entwicklung nachgedacht werden. Deutlich wurde aber auch aus vielen Gruppen, daß die Zeitressourcen so knapp bemessen sind, daß allein schon deshalb über viele wahrgenommene Probleme hinweggesehen wird, damit nicht noch ein Teammitglied bei der Arbeit fehlt. Ressourcen zur Problembewältigung, wie z. B. Patientenfürsprecher, Obhutsmänner etc., externe Supervision, sind in der Regel nicht vorhanden. Dies bedeutet, daß man gerade die Menschen, die mit der verantwortungsvollen Aufgabe betraut sind, permanent im intimen Nahbereich tätig zu sein, mit dieser Aufgabe völlig alleine läßt. Auf der Basis dieser Erkenntnisse haben wir vorgeschlagen, daß für Einrichtungen, die Menschen mit geistiger Behinderung betreuen, ein Curriculum entwickelt wird zum Umgang mit Gewalt und sexueller Gewalt in solchen Einrichtungen. Diese Curriculumsentwicklung sollte sowohl mit den Betreuern wie auch mit den Betroffenen gemeinsam vorgenommen werden. Sie muß den unterschiedlichen institutionellen Charakteren von Großeinrichtungen, kleinen Wohneinrichtungen und Gruppen ebenso Rechnung tragen wie den unterschiedlichen ökonomischen Grundvoraussetzungen bei der Ausstattung der Einrichtung und bei der Besetzung des Dienstplanes.

Schluß

Abschließend kann festgestellt werden, daß es heute unstrittig ist, daß Frauen und Männer mit geistiger Behinderung die gleichen Grundrechte wie alle Menschen haben sollen und daß ihre Nachteile, die aus der Behinderung resultieren, durch soziale Leistungen kompensiert werden sollen. Die Umsetzung dieser allgemein anerkannten Prinzipien stößt jedoch vielerorts auf Schwierigkeiten, die sich in Zeiten ökonomischer Drucksituationen eher noch verstärken. Kategorische Schutzbestimmungen können selbst wieder auch zur Gefahr der Benachteiligung von Menschen mit geistiger

Behinderung werden, wie dies bei der Entwicklung neuer Medikamente derzeit deutlich wird. Obwohl Menschen mit geistiger Behinderung auch ein Recht auf Krankenbehandlung und Psychotherapie eindeutig zusteht, wird in der Praxis häufig davon ausgegangen, daß sie durch ärztliche oder psychotherapeutische Maßnahmen gar nicht zu erreichen seien, sondern es vielmehr nur um Pflege oder Betreuung gehe. Die oben ausführlich dargelegte Entscheidung des Bundessozialgerichtes unterstreicht hier auch noch einmal die Verantwortung von Ärzten und Therapeuten, indem sie

Tab. 5: Übersicht über die relevanten gesetzlichen Vorschriften[1]

Gesetz	Vorschrift	Normüberschrift[2]
Grundgesetz (GG)	Artikel 3	[Gleichheit vor dem Gesetz]
UN-Kinderrechtskonvention	Artikel 23	[Förderung behinderter Kinder]
Bundessozialhilfegesetz (BSHG)	§ 39	Eingliederungshilfe für Behinderte. Personenkreis und Aufgabe
Kinder- und Jugendhilfegesetz (SGB VIII) (KJHG)	§ 35a	Eingliederungshilfe für seelisch behinderte Kinder und Jugendliche
Sozialgesetzbuch I (SGB I)	§ 10	Eingliederung Behinderter
	§ 29	Leistungen zur Eingliederung Behinderter
	§ 43	Vorläufige Leistungen
Sozialgesetzbuch V (SGB V)	§ 39	Krankenhausbehandlung
Gesetz über die Angelegenheiten der freiwilligen Gerichtsbarkeit (FGG)	§ 50	[Verfahrenspfleger für das Kind]
	§ 66	[Verfahrensfähigkeit]
	§ 67	[Pfleger für das Verfahren]
	§ 68	[Persönliche Anhörung des Betroffenen/Schlußgespräch]
Arzneimittelgesetz (AMG)	§ 41	Klinische Prüfung. Besondere Voraussetzungen
Bürgerliches Gesetzbuch (BGB)	§ 1901	[Pflichten des Betreuers]
	§ 1904	[Ärztliche Maßnahmen]
	§ 1905	[Sterilisation]
	§ 1906	[Unterbringung]
	§ 1907	[Aufgabe der Mietwohnung]
Strafgesetzbuch (StGB)	§ 174	Sexueller Mißbrauch von Schutzbefohlenen
	§ 174a	Sexueller Mißbrauch von Gefangenen, behördlich Verwahrten oder Kranken und Hilfsbedürftigen in Einrichtungen
	§ 174b	Sexueller Mißbrauch unter Ausnutzung einer Amtsstellung
	§ 174c	Sexueller Mißbrauch unter Ausnutzung eines Beratungs-, Behandlungs- oder Betreuungsverhältnisses

[1] Die angeführten Normen sind mit Ausnahme der UN-Kinderrechtskonvention im Anhang vollständig abgedruckt.
[2] Die in eckigen Klammern stehenden Überschriften sind nicht amtlich.

solche notwendige Leistungen erbringen und notfalls auch in rechtliche Auseinandersetzungen gehen, um hier sich aktiv für die Berücksichtigung des Gleichheitsgrundsatzes des Grundgesetzes einzusetzen. Gerade weil psychische Probleme und Störungen bei Menschen mit geistiger Behinderung nicht zuletzt aufgrund der multiplen institutionellen Abhängigkeitsverhältnisse gehäuft vorkommen, muß der Problematik und Behandlung, gerade auch der multimodalen Behandlung, d. h. Psychopharmakotherapie, eine verstärkte Aufmerksamkeit gewidmet werden. Nur durch verstärkte Bemühungen in Krankenbehandlung und -therapie wird es gelingen, noch mehr Menschen aus den Kontexten von Großinstitutionen herauszulösen und in ökologischere Wohnformen überleiten zu können. Gerade weil Menschen mit geistiger Behinderung permanent auf Unterstützung angewiesen sind, steht hier besonders die Gefahr der persönlichen bzw. institutionellen Bevormundung. Deshalb muß hier verstärkt Forschung über ihre Partizipationsmöglichkeiten und über eine Institutionalisierung von Informationsrechten durchgeführt werden.

Literatur

Degener T. Vergewaltigung behinderter Frauen: Opfer – wehrlos in jeder Hinsicht. Pro Familia Magazin 1990; 1: 5–8.

Fegert JM. Kinder in Scheidungsverfahren nach der Kindschaftsrechtsreform. Neuwied: Luchterhand 1999.

Fegert JM, Häßler F, Rothärmel S (Hrsg). Atypische Neuroleptika in der Jugendpsychiatrie. Stuttgart, New York: Schattauer 1999.

Furey E, Nielsen J. Sexual Abuse of Adults with Mental Retardation by other Consumers. Sexuality and Disability 1994; 2.

Gebhard PH et al. Sex Offenders: An Analysis of Types. New York 1965.

Gemeinschaftswerk der Ev. Publizistik e. V. (Hrsg). Dokumentation der Tagung zum Verfahrenspfleger in der Evang. Akademie Bad Boll. Frankfurt a. M.: Evangelischer Pressedienst/epd-Dokumentation 20/1999.

Griffith D, Hingsburger D, Christian R. Treating developmentally handicapped sexual offenders. The New York Behavior Management. Services Treatment Program. In: Psychiatric Aspects of Mental Retardation Reviews. Bd. 4. 1985.

Hallstein M. Sexuelle Gewalt gegen Mädchen und Frauen mit geistiger Behinderung. In: Skandal und Alltag. Sexueller Mißbrauch und Gegenstrategien. Hentschel G (Hrsg). Orlanda, Berlin1996.

Hard S. Sexual Abuse of Persons With Developmental Disabilities. A Case Study. Vortrag auf der National Conference of Executives of Associations for Retarded Citizens. Omaha/Nebraska 22.10.1986.

Klein S, Wawrok S. Abschlußbericht des Forschungsprojekts: Sexuelle Gewalt in der Lebenswirklichkeit von Mädchen und Frauen mit geistiger Behinderung – die Sicht der Betroffenen, Analyse bestehender institutioneller Hilfsmöglichkeiten und eine bedarfsorientierte Versorgungsplanung. Laufzeit: 1995–1997. Senatsverwaltung für Arbeit, Frauen und Berufliche Bildung; Förderprogramm Frauenforschung. Senat Berlin 1998.

Klein S, Wawrok S, Fegert J. Aus der Forschung: Sexuelle Gewalt in der Lebenswirklichkeit von Mädchen und Frauen mit geistiger Behinderung – die Sicht der Betroffenen, Analyse institutioneller Hilfsmöglichkeiten und eine bedarfsorientierte Versorgungsplanung. In: Geistige Behinderung 1998; 1: 77–81.

Klein S, Wawrok S, Fegert J. Menschen mit geistiger Behinderung als Opfer und Täter sexueller Gewalt. In: Gewalt im Leben von Menschen mit geistiger Behinderung. Seidel M, Hennicke K (Hrsg). Reutlingen: Diakonie-Verlag 1999: 257–64.

Köbsell S. Zwangssterilisationen geistig behinderter Frauen. AG SPAK. München 1987.

Kreutz G. Anforderungen an die Zulassung eines Arzneimittels zur Anwendung bei Kindern in Deutschland und in der Europäischen Union. In: Atypische Neuroleptika in der Jugendpsychiatrie. Fegert JM, Häßler F, Rothärmel S (Hrsg). Stuttgart, New York: Schattauer 1999.

Neuhäuser G, Steinhausen H-C (Hrsg). Geistige Behinderung: Grundlagen, klinische Syndrome, Behandlung und Rehabilitation. Stuttgart, Berlin, Köln: Kohlhammer 1990.

Noack C, Schmidt H. Sexuelle Gewalt gegen Menschen mit geistiger Behinderung. Eine verleugnete Realität. Esslingen am Neckar: Fachhochschule für Sozialwesen Essen. Stuttgart: Verband evangelischer Einrichtungen für Menschen mit geistiger und seelischer Behinderung e.V. 1994.

Rothärmel S, Wolfslast G, Fegert JM. Informed Consent, ein kinderfeindliches Konzept? MedR 1999; 7.

Seifert M. Zur Wohnsituation von Menschen mit geistiger Behinderung in Berlin unter besonderer Berücksichtigung der Personen mit hohem Betreuungsbedarf: Bestandsaufnahme und Perspektiven. Abschlußbericht des Forschungsprojekts „Wohnen mit schwerer geistiger Behinderung in Berlin". Berlin-Forschung (FU Berlin) 1993.

Senn CY. Gegen jedes Recht: Sexueller Mißbrauch und geistige Behinderung. Berlin: Donna Vita 1993.

Sobsey D, Doe T. Patterns of Sexual Abuse and Assault. In: Sexuality and Disability 1991; 9: 243–59.

Weber C, Zitelmann M. Standards für VerfahrenspflegerInnen. Die Interessenvertretung für Kinder und Jugendliche in Verfahren der Familien- und Vormundschaftsgerichte gemäß § 50 FGG. Neuwied: Luchterhand 1999.

Zemp A, Pircher E. „Weil das alles wehtut mit Gewalt" – Sexuelle Ausbeutung von Frauen mit Behinderung. Wien: Bundesministerium für Frauen, Schriftenreihe der Frauenministerin 1997. Bd. 10.

Zemp A, Pircher E, Schoibel H. Sexualisierte Gewalt im behinderten Alltag. Jungen und Mädchen mit Behinderung als Opfer und Täter. Projektbericht. Wien: Bundesministerium für Frauenangelegenheiten und Verbraucherschutz 1997.

Anhang: Gesetzestexte in der Reihenfolge ihrer Nennung im Text

Artikel 3 GG [Gleichheit vor dem Gesetz]

(1) Alle Menschen sind vor dem Gesetz gleich.

(2) Männer und Frauen sind gleichberechtigt. Der Staat fördert die tatsächliche Durchsetzung der Gleichberechtigung von Frauen und Männern und wirkt auf die Beseitigung bestehender Nachteile hin.

(3) Niemand darf wegen seines Geschlechtes, seiner Abstammung, seiner Rasse, seiner Sprache, seiner Heimat und Herkunft, seines Glaubens, seiner religiösen oder politischen Anschauungen benachteiligt oder bevorzugt werden. Niemand darf wegen seiner Behinderung benachteiligt werden.

§ 39 BSHG Eingliederungshilfe für Behinderte. Personenkreis und Aufgabe

(1) Personen, die nicht nur vorübergehend körperlich, geistig oder seelisch behindert sind, ist Eingliederungshilfe zu gewähren. Personen mit einer anderen körperlichen, geistigen oder seelischen Behinderung kann sie gewährt werden.

(2) Den Behinderten stehen die von einer Behinderung Bedrohten gleich. Dies gilt bei Personen, bei denen Maßnahmen der in den §§ 36 und 37 genannten Art erforderlich sind, nur, wenn auch bei Durchführung dieser Maßnahmen eine Behinderung einzutreten droht.

(3) Aufgabe der Eingliederungshilfe ist es, eine drohende Behinderung zu verhüten oder eine vorhandene Behinderung oder deren Folgen zu beseitigen oder zu mildern und den Behinderten in

die Gesellschaft einzugliedern. Hierzu gehört vor allem, dem Behinderten die Teilnahme am Leben in der Gemeinschaft zu ermöglichen oder zu erleichtern, ihm die Ausübung eines angemessenen Berufs oder einer sonstigen angemessenen Tätigkeit zu ermöglichen oder ihn soweit wie möglich unabhängig von Pflege zu machen.

(4) Eingliederungshilfe wird gewährt, wenn und solange nach der Besonderheit des Einzelfalles, vor allem nach Art und Schwere der Behinderung, Aussicht besteht, daß die Aufgabe der Eingliederungshilfe erfüllt werden kann.

§ 35 a KJHG Eingliederungshilfe für seelisch behinderte Kinder und Jugendliche

(1) Kinder und Jugendliche, die seelisch behindert oder von einer solchen Behinderung bedroht sind, haben Anspruch auf Eingliederungshilfe. Die Hilfe wird nach dem Bedarf im Einzelfall
1. in ambulanter Form,
2. in Tageseinrichtungen für Kinder oder in anderen teilstationären Einrichtungen,
3. durch geeignete Pflegepersonen und
4. in Einrichtungen über Tag und Nacht sowie sonstigen Wohnformen geleistet.

(2) Aufgabe und Ziel der Hilfe, die Bestimmung des Personenkreises sowie die Art und Maßnahmen richten sich nach folgenden Bestimmungen des Bundessozialhilfegesetzes, soweit diese auf seelisch behinderte oder von einer solchen Behinderung bedrohte Personen Anwendung finden:
1. § 39 Abs. 3 und § 40,
2. § 41 Abs. 1 bis 3 Satz 2 und Abs. 4 mit der Maßgabe, daß an die Stelle der Vereinbarungen nach § 93 des Bundessozialhilfegesetzes Vereinbarungen nach § 77 dieses Buches treten,
3. die Verordnung nach § 47 des Bundessozialhilfegesetzes.

(3) Ist gleichzeitig Hilfe zur Erziehung zu leisten, so sollen Einrichtungen, Dienste und Personen in Anspruch genommen werden, die geeignet sind, sowohl die Aufgaben der Eingliederungshilfe zu erfüllen, als auch den erzieherischen Bedarf zu decken. Sind heilpädagogische Maßnahmen für Kinder, die noch nicht im schulpflichtigen Alter sind, in Tageseinrichtungen für Kinder zu gewähren und läßt der Hilfebedarf es zu, so sollen Einrichtungen in Anspruch genommen werden, in denen behinderte und nicht behinderte Kinder gemeinsam betreut werden.

§ 10 SGB I Eingliederung Behinderter

Wer körperlich, geistig oder seelisch behindert ist oder wem eine solche Behinderung droht, hat unabhängig von der Ursache der Behinderung ein Recht auf die Hilfe, die notwendig ist, um
1. die Behinderung abzuwenden, zu beseitigen, zu bessern, ihre Verschlimmerung zu verhüten oder ihre Folgen zu mildern,
2. ihm einen seinen Neigungen und Fähigkeiten entsprechenden Platz in der Gemeinschaft, insbesondere im Arbeitsleben, zu sichern.

§ 29 SGB I Leistungen zur Eingliederung Behinderter

(1) Nach dem Recht der Eingliederung Behinderter können in Anspruch genommen werden:
1. medizinische Leistungen, insbesondere
   a) ärztliche und zahnärztliche Behandlung,
   b) Arznei- und Verbandmittel,
   c) Heilmittel, einschließlich Krankengymnastik, Bewegungs-, Sprach- und Beschäftigungstherapie,
   d) Körperersatzstücke, orthopädische und andere Hilfsmittel,
   e) Belastungserprobung und Arbeitstherapie auch in Krankenhäusern und Vorsorge- oder Rehabilitationseinrichtungen,
2. berufsfördernde Leistungen, insbesondere
   a) Hilfen zur Erhaltung und Erlangung eines Arbeitsplatzes,
   b) Berufsvorbereitung,
   c) berufliche Anpassung, Ausbildung, Fortbildung und Umschulung,
   d) sonstige Hilfen zur Förderung einer Erwerbs- oder Berufstätigkeit auf dem allgemeinen Arbeitsmarkt oder in einer Werkstatt für Behinderte,

3. Leistungen zur allgemeinen sozialen Eingliederung, insbesondere Hilfen
   a) zur Entwicklung der geistigen und körperlichen Fähigkeiten vor Beginn der Schulpflicht,
   b) zur angemessenen Schulbildung einschließlich der Vorbereitung hierzu,
   c) für Behinderte, die nur praktisch bildbar sind, zur Ermöglichung einer Teilnahme am Leben in der Gemeinschaft,
   d) zur Ausübung einer angemessenen Tätigkeit, soweit berufsfördernde Leistungen nicht möglich sind,
   e) zur Ermöglichung und Erleichterung der Verständigung mit der Umwelt,
   f) zur Erhaltung, Besserung und Wiederherstellung der körperlichen und geistigen Beweglichkeit sowie des seelischen Gleichgewichts,
   g) zur Ermöglichung und Erleichterung der Besorgung des Haushalts,
   h) zur Verbesserung der wohnungsmäßigen Unterbringung,
   i) zur Freizeitgestaltung und zur sonstigen Teilnahme am gesellschaftlichen und kulturellen Leben,
4. ergänzende Leistungen, insbesondere
   a) Übergangs- und Krankengeld,
   b) sonstige Hilfen zum Lebensunterhalt,
   c) Beiträge zur gesetzlichen Kranken-, Unfall- und Rentenversicherung sowie zur Bundesanstalt für Arbeit,
   d) Übernahme der mit einer berufsfördernden Leistung zusammenhängenden Kosten,
   e) Übernahme der Reisekosten,
   f) Behindertensport in Gruppen unter ärztlicher Betreuung,
   g) Haushaltshilfe.

(2) Zuständig sind die in §§ 19 bis 24, 27 und 28 genannten Leistungsträger.

§ 43 SGB I Vorläufige Leistungen

(1) Besteht ein Anspruch auf Geldleistungen dem Grunde nach und ist zur Feststellung einer Höhe voraussichtlich längere Zeit erforderlich, kann der zuständige Leistungsträger Vorschüsse zahlen, deren Höhe er nach pflichtgemäßem Ermessen bestimmt. Er hat Vorschüsse nach Satz 1 zu zahlen, wenn der Berechtigte es beantragt; die Vorschußzahlung beginnt spätestens nach Ablauf eines Kalendermonats nach Eingang des Antrags.

(2) Die Vorschüsse sind auf die zustehende Leistung anzurechnen. Soweit sie diese übersteigen, sind sie vom Empfänger zu erstatten, § 50 Abs. 4 des Zehnten Buches gilt entsprechend.

(3) Für die Stundung, Niederschlagung und den Erlaß des Erstattungsanspruchs gilt § 76 Abs. 2 des Vierten Buches entsprechend.

§ 39 SGB V Krankenhausbehandlung

(1) Die Krankenhausbehandlung wird vollstationär, teilstationär, vor- und nachstationär (§ 115a) sowie ambulant (§ 115 b) erbracht. Versicherte haben Anspruch auf vollstationäre Behandlung in einem zugelassenen Krankenhaus (§ 108), wenn die Aufnahme nach Prüfung durch das Krankenhaus erforderlich ist, weil das Behandlungsziel nicht durch teilstationäre, vor- und nachstationäre oder ambulante Behandlung einschließlich häuslicher Krankenpflege erreicht werden kann. Die Krankenhausbehandlung umfaßt im Rahmen des Versorgungsauftrags des Krankenhauses alle Leistungen, die im Einzelfall nach Art und Schwere der Krankheit für die medizinische Versorgung des Versicherten im Krankenhaus notwendig sind, insbesondere ärztliche Behandlung (§ 28 Abs. 1), Krankenpflege, Versorgung mit Arznei-, Heil- und Hilfsmitteln, Unterkunft und Verpflegung.

(2) Wählen Versicherte ohne zwingenden Grund ein anderes als ein in der ärztlichen Einweisung genanntes Krankenhaus, können ihnen die Mehrkosten ganz oder teilweise auferlegt werden.

(3) Die Landesverbände der Krankenkassen, die Verbände der Ersatzkassen, die Bundesknappschaft und die See-Krankenkasse gemeinsam erstellen unter Mitwirkung der Landeskrankenhausgesellschaft und der Kassenärztlichen Vereinigung ein Verzeichnis der Leistungen und Entgelte für die Krankenhausbehandlung in den zugelassenen Krankenhäusern im Land oder in einer Re-

gion und passen es der Entwicklung an (Verzeichnis stationärer Leistungen und Entgelt). Dabei sind die Entgelte so zusammenzustellen, daß sie miteinander verglichen werden können. Die Krankenkassen haben darauf hinzuwirken, daß Vertragsärzte und Versicherte das Verzeichnis bei der Verordnung und Inanspruchnahme von Krankenhausbehandlung beachten.

(4) Versicherte, die das achtzehnte Lebensjahr vollendet haben, zahlen vom Beginn der vollstationären Krankenhausbehandlung an innerhalb eines Kalenderjahres für längstens 14 Tage 17 Deutsche Mark je Kalendertag an das Krankenhaus, das diesen Betrag an die Krankenkasse weiterleitet. Die innerhalb des Kalenderjahres bereits an einen Träger der gesetzlichen Rentenversicherung geleistete Zahlung nach § 32 Abs. 1 Satz 2 des Sechsten Buches sowie die nach § 40 Abs. 5 Satz 2 geleistete Zahlung sind auf die Zahlung nach Satz 1 anzurechnen.

(5) Die See-Krankenkasse kann für kranke Seeleute, die ledig sind und keinen Haushalt haben, über den Anspruch nach Abs. 1 hinaus Unterkunft und Verpflegung in einem Seemannsheim erbringen. Absatz 4 gilt.

§ 41 AMG Klinische Prüfung. Besondere Voraussetzungen

Auf eine klinische Prüfung bei einer Person, die an einer Krankheit leidet, zu deren Behebung das zu prüfende Arzneimittel angewendet werden soll, findet § 40 Abs. 1 bis 3 mit folgender Maßgabe Anwendung:

1. Die klinische Prüfung darf nur durchgeführt werden, wenn die Anwendung des zu prüfenden Arzneimittels nach den Erkenntnissen der medizinischen Wissenschaft angezeigt ist, um das Leben des Kranken zu retten, seine Gesundheit wiederherzustellen oder sein Leiden zu erleichtern.
2. Die klinische Prüfung darf auch bei einer Person, die geschäftsunfähig oder in der Geschäftsfähigkeit beschränkt ist, durchgeführt werden.
3. Ist eine geschäftsunfähige oder in der Geschäftsfähigkeit beschränkte Person in der Lage, Wesen, Bedeutung und Tragweite der klinischen Prüfung einzusehen und ihren Willen hiernach zu bestimmen, so bedarf die klinische Prüfung neben einer erforderlichen Einwilligung dieser Person der Einwilligung ihres gesetzlichen Vertreters.
4. Ist der Kranke nicht fähig, Wesen, Bedeutung und Tragweite der klinischen Prüfung einzusehen und seinen Willen hiernach zu bestimmen, so genügt die Einwilligung seines gesetzlichen Vertreters.
5. Die Einwilligung des gesetzlichen Vertreters ist nur wirksam, wenn dieser durch einen Arzt über Wesen, Bedeutung und Tragweite der klinischen Prüfung aufgeklärt worden ist. Auf den Widerruf findet § 40 Abs. 2 Satz 2 Anwendung. Der Einwilligung des gesetzlichen Vertreters bedarf es solange nicht, als eine Behandlung ohne Aufschub erforderlich ist, um das Leben des Kranken zu retten, seine Gesundheit wiederherzustellen oder sein Leiden zu erleichtern, und eine Erklärung über die Einwilligung nicht herbeigeführt werden kann.
6. Sofern der Kranke nicht in der Lage ist, die Einwilligung schriftlich zu erteilen, ist diese auch wirksam, wenn sie mündlich gegenüber dem behandelnden Arzt in Gegenwart eines Zeugen abgegeben wird.
7. Die Aufklärung und die Einwilligung des Kranken können in besonders schweren Fällen entfallen, wenn durch die Aufklärung der Behandlungserfolg nach der Nummer 1 gefährdet würde und ein entgegenstehender Wille des Kranken nicht erkennbar ist.

§ 1905 BGB Sterilisation

(1) Besteht der ärztliche Eingriff in einer Sterilisation des Betreuten, in die dieser nicht einwilligen kann, so kann der Betreuer nur einwilligen, wenn
   1. die Sterilisation dem Willen des Betreuten nicht widerspricht,
   2. der Betreute auf Dauer einwilligungsunfähig bleiben wird,
   3. anzunehmen ist, daß es ohne die Sterilisation zu einer Schwangerschaft kommen würde,
   4. infolge dieser Schwangerschaft eine Gefahr für das Leben oder die Gefahr einer schwerwiegenden Beeinträchtigung des körperlichen oder seelischen Gesundheitszustandes der Schwangeren zu erwarten wäre, die nicht auf zumutbare Weise abgewendet werden könnte, und
   5. die Schwangerschaft nicht durch andere zumutbare Mittel verhindert werden kann.

Als schwerwiegende Gefahr für den seelischen Gesundheitszustand der Schwangeren gilt auch die Gefahr eines schweren und nachhaltigen Leides, das ihr drohen würde, weil vormundschaftsgerichtliche Maßnahmen, die mit ihrer Trennung vom Kind verbunden wären (§§ 1666, 1666a), gegen sie ergriffen werden müßten.

(2) Die Einwilligung bedarf der Genehmigung des Vormundschaftsgerichts. Die Sterilisation darf erst zwei Wochen nach Wirksamkeit der Genehmigung durchgeführt werden. Bei der Sterilisation ist stets der Methode der Vorzug zu geben, die eine Refertilisierung zuläßt.

§ 66 FGG [Verfahrensfähigkeit]

In Verfahren, die die Betreuung betreffen, ist der Betroffene ohne Rücksicht auf seine Geschäftsfähigkeit verfahrensfähig.

§ 1901 BGB Pflichten des Betreuers

(1) Die Betreuung umfaßt alle Tätigkeiten, die erforderlich sind, um die Angelegenheiten des Betreuten nach Maßgabe der folgenden Vorschriften rechtlich zu besorgen.

(2) Der Betreuer hat die Angelegenheiten des Betreuten so zu besorgen, wie es dessen Wohl entspricht. Zum Wohl des Betreuten gehört auch die Möglichkeit, im Rahmen seiner Fähigkeiten sein Leben nach seinen eigenen Wünschen und Vorstellungen zu gestalten.

(3) Der Betreuer hat Wünschen des Betreuten zu entsprechen, soweit dies dessen Wohl nicht zuwiderläuft und dem Betreuer zuzumuten ist. Dies gilt auch für Wünsche, die der Betreute vor der Bestellung des Betreuers geäußert hat, es sei denn, daß er an diesen Wünschen erkennbar nicht festhalten will. Ehe der Betreuer wichtige Angelegenheiten erledigt, bespricht er sie mit dem Betreuten, sofern dies dessen Wohl nicht zuwiderläuft.

(4) Innerhalb eines Aufgabenkreises hat der Betreuer dazu beizutragen, daß Möglichkeiten genutzt werden, die Krankheit oder Behinderung des Betreuten zu beseitigen, zu bessern, ihre Verschlimmerung zu verhüten oder ihre Folgen zu mildern.

(5) Werden dem Betreuer Umstände bekannt, die eine Aufhebung der Betreuung ermöglichen, so hat er dies dem Vormundschaftsgericht mitzuteilen. Gleiches gilt für Umstände, die eine Einschränkung des Aufgabenkreises ermöglichen oder dessen Erweiterung, die Bestellung eines weiteren Betreuers oder die Anordnung eines Einwilligungsvorbehalts (§ 1903) erfordern.

§ 68 FGG [Persönliche Anhörung des Betroffenen/Schlußgespräch]

(1) Vor der Bestellung eines Betreuers oder der Anordnung eines Einwilligungsvorbehalts hat das Gericht den Betroffenen persönlich anzuhören und sich einen unmittelbaren Eindruck von ihm zu verschaffen. Den unmittelbaren Eindruck soll sich das Gericht in der üblichen Umgebung des Betroffenen verschaffen, wenn dieser es verlangt oder wenn es der Sachaufklärung dient und der Betroffene nicht widerspricht. Das Gericht unterrichtet ihn über den möglichen Verlauf des Verfahrens; es weist in geeigneten Fällen den Betroffenen auf die Möglichkeit der Vorsorgevollmacht und deren Inhalt hin. Verfahrenshandlungen nach Satz 1 dürfen nur dann durch einen ersuchten Richter erfolgen, wenn von vornherein anzunehmen ist, daß das entscheidende Gericht das Ergebnis der Ermittlungen auch ohne eigenen Eindruck von dem Betroffenen zu würdigen vermag. Hat der Betroffene seinen Aufenthalt nicht nur vorübergehend im Ausland, so erfolgen Verfahrenshandlungen nach Satz 1 bis 3 im Wege der internationalen Rechtshilfe.

(2) Die persönliche Anhörung des Betroffenen kann unterbleiben, wenn

1. nach ärztlichem Gutachten hiervon erhebliche Nachteile für die Gesundheit des Betroffenen zu besorgen sind oder
2. der Betroffene nach dem unmittelbaren Eindruck des Gerichts offensichtlich nicht in der Lage ist, seinen Willen kundzutun.

(3) Das Gericht kann den Betroffenen durch die zuständige Behörde vorführen lassen, wenn er sich weigert, an Verfahrenshandlungen nach Absatz 1 Satz 1 mitzuwirken.

(4) Das Gericht kann einen Sachverständigen hinzuziehen, wenn es den Betroffenen persönlich anhört und sich einen unmittelbaren Eindruck von ihm verschafft. Auf Verlangen des Betroffenen ist einer Person seines Vertrauens die Anwesenheit zu gestatten. Anderen Personen kann das Gericht die Anwesenheit gestatten, jedoch nicht gegen den Willen des Betroffenen.

(5) Das Ergebnis der Anhörung, das Gutachten des Sachverständigen oder das ärztliche Zeugnis, der etwaige Umfang des Aufgabenkreises und die Frage, welche Person oder Stelle als Betreuer in Betracht kommt, sind mit dem Betroffenen mündlich zu erörtern, soweit dies zur Gewährung des rechtlichen Gehörs oder zur Sachaufklärung erforderlich ist (Schlußgespräch). Die Verfahrenshandlungen nach Absatz 1 Satz 1 und das Schlußgespräch können in einem Termin stattfinden. Absatz 4 Satz 2 und 3 gilt entsprechend.

§ 67 FGG [Pfleger für das Verfahren]

(1) Soweit dies zur Wahrnehmung der Interessen des Betroffenen erforderlich ist, bestellt das Gericht dem Betroffenen einen Pfleger für das Verfahren. Die Bestellung ist in der Regel erforderlich, wenn

1. nach § 68 Abs. 2 von der persönlichen Anhörung des Betroffenen abgesehen werden soll,
2. Gegenstand des Verfahrens die Bestellung eines Betreuers zur Besorgung aller Angelegenheiten des Betroffenen oder die Erweiterung des Aufgabenkreises hierauf ist; dies gilt auch, wenn der Gegenstand des Verfahrens die in § 1896 Abs. 4 und § 1905 des Bürgerlichen Gesetzbuchs bezeichneten Angelegenheiten nicht erfaßt.

Von der Behandlung kann in den Fällen des Satzes 2 abgesehen werden, wenn ein Interesse des Betroffenen an der Bestellung des Verfahrenspflegers offensichtlich nicht besteht. Die Nichtbestellung ist zu begründen. Die Bestellung ist stets erforderlich, wenn Gegenstand des Verfahrens die Genehmigung einer Einwilligung des Betreuers in die Sterilisation (§1905 Abs. 2 des Bürgerlichen Gesetzbuchs) ist. Die Bestellung soll unterbleiben oder aufgehoben werden, wenn der Betroffene von einem Rechtsanwalt oder von einem anderen geeigneten Verfahrensbevollmächtigten vertreten wird.

(2) Die Bestellung erfolgt für jeden Rechtszug gesondert, erfaßt jedoch auch die Einlegung und Begründung eines Rechtsmittels.

(3) Der Aufwendungsersatz und die Vergütung des Pflegers für das Verfahren sind aus der Staatskasse zu zahlen. Sie bestimmen sich in entsprechender Anwendung der §§ 1908 e bis 1908 i, mit Ausnahme der dort in Bezug genommenen § 1835 Abs. 3 und 4, §§ 1835 a, 1836 b Satz 1 Nr. 2 des Bürgerlichen Gesetzbuchs; die Höhe der zu bewilligenden Vergütung ist stets nach Maßgabe des § 1 des Gesetzes über die Vergütung von Berufsvormündern zu bemessen. Im übrigen gilt § 56 g Abs. 1 und 5 entsprechend.

§ 50 FGG [Verfahrenspfleger für das Kind]

(1) Das Gericht kann dem minderjährigen Kind einen Pfleger für ein seine Person betreffendes Verfahren bestellen, soweit dies zur Wahrnehmung seiner Interessen erforderlich ist.

(2) Die Bestellung ist in der Regel erforderlich, wenn

1. das Interesse des Kindes zu dem seiner gesetzlichen Vertreter in erheblichem Gegensatz steht,
2. Gegenstand des Verfahrens Maßnahmen wegen Gefährdung des Kindeswohls sind, mit denen die Trennung des Kindes von seiner Familie oder die Entziehung der gesamten Personensorge verbunden ist (§§ 1666, 1666 a des Bürgerlichen Gesetzbuchs), oder
3. Gegenstand des Verfahrens die Wegnahme des Kindes von der Pflegeperson (§1632 Abs. 4 des Bürgerlichen Gesetzbuchs) oder von dem Ehegatten oder Umgangsberechtigten (§ 1682 des Bürgerlichen Gesetzbuchs) ist.

Sieht das Gericht in diesen Fällen von der Bestellung eines Pfleger für das Verfahren ab, so ist dies in der Entscheidung zu begründen, die die Person des Kindes betrifft.

(3) Die Bestellung soll unterbleiben oder aufgehoben werden, wenn die Interessen des Kindes von einem Rechtsanwalt oder einem anderen geeigneten Verfahrensbevollmächtigten angemessen vertreten werden.

(4) Die Bestellung endet, sofern sie nicht vorher aufgegeben wird, mit der Rechtskraft der das Verfahren abschließenden Entscheidung oder mit dem sonstigen Abschluß des Verfahrens.

(5) Der Ersatz von Aufwendungen und die Vergütung des Pflegers bestimmen sich entsprechend § 67 Abs. 3.

§ 1904 BGB Ärztliche Maßnahmen

(1) Die Einwilligung des Betreuers in eine Untersuchung des Gesundheitszustandes, eine Heilbehandlung oder einen ärztlichen Eingriff bedarf der Genehmigung des Vormundschaftsgerichts, wenn die begründete Gefahr besteht, daß der Betreute auf Grund der Maßnahme stirbt oder einen schweren und länger dauernden gesundheitlichen Schaden erleidet. Ohne die Genehmigung darf die Maßnahme nur durchgeführt werden, wenn mit dem Aufschub Gefahr verbunden ist.

(2) Absatz 1 gilt auch für die Einwilligung eines Bevollmächtigten. Sie ist nur wirksam, wenn die Vollmacht schriftlich erteilt ist und die in Absatz 1 Satz 1 genannten Maßnahmen ausdrücklich umfaßt.

§ 1906 BGB Unterbringung

(1) Eine Unterbringung des Betreuten durch den Betreuer, die mit Freiheitsentziehung verbunden ist, ist nur zulässig, solange sie zum Wohl des Betreuten erforderlich ist, weil

1. auf Grund einer psychischen Krankheit oder geistigen oder seelischen Behinderung des Betreuten die Gefahr besteht, daß er sich selbst tötet oder erheblichen gesundheitlichen Schaden zufügt, oder
2. eine Untersuchung des Gesundheitszustandes, eine Heilbehandlung oder ein ärztlicher Eingriff notwendig ist, ohne die die Unterbringung des Betreuten nicht durchgeführt werden kann und der Betreute auf Grund einer psychischen Krankheit oder geistigen oder seelischen Behinderung die Notwendigkeit der Unterbringung nicht erkennen oder nicht nach dieser Einsicht handeln kann.

(2) Die Unterbringung ist nur mit Genehmigung des Vormundschaftsgerichts zulässig. Ohne die Genehmigung ist die Unterbringung nur zulässig, wenn mit dem Aufschub Gefahr verbunden ist; die Genehmigung ist unverzüglich nachzuholen.

(3) Der Betreuer hat die Unterbringung zu beenden, wenn ihre Voraussetzungen wegfallen. Er hat die Beendigung der Unterbringung dem Vormundschaftsgericht anzuzeigen.

(4) Die Absätze 1 bis 3 gelten entsprechend, wenn dem Betreuten, der sich in einer Anstalt, einem Heim oder einer sonstigen Einrichtung aufhält, ohne untergebracht zu sein, durch mechanische Vorrichtungen, Medikamente oder auf andere Weise über einen längeren Zeitraum oder regelmäßig die Freiheit entzogen werden soll.

(5) Die Unterbringung durch einen Bevollmächtigten und die Einwilligung eines Bevollmächtigten in Maßnahmen nach Absatz 4 setzt voraus, daß die Vollmacht schriftlich erteilt ist und die in den Absätzen 1 und 4 genannten Maßnahmen ausdrücklich umfaßt. Im übrigen gelten die Absätze 1 bis 4 entsprechend.

§ 1907 BGB Aufgabe der Mietwohnung

(1) Zur Kündigung eines Mietverhältnisses über Wohnraum, den der Betreute gemietet hat, bedarf der Betreuer der Genehmigung des Vormundschaftsgerichts. Gleiches gilt für eine Willenserklärung, die auf die Aufhebung eines solchen Mietverhältnisses gerichtet ist.

(2) Treten andere Umstände ein, auf Grund derer die Beendigung des Mietverhältnisses in Betracht kommt, so hat der Betreuer dies dem Vormundschaftsgericht unverzüglich mitzuteilen, wenn sein Aufgabenkreis das Mietverhältnis oder die Aufenthaltsbestimmung umfaßt. Will der Betreuer Wohnraum des Betreuten auf andere Weise als durch Kündigung oder Aufhebung eines Mietverhältnisses aufgeben, so hat er dies gleichfalls unverzüglich mitzuteilen.

(3) Zu einem Miet- oder Pachtvertrag oder zu einem anderen Vertrag, durch den der Betreute zu wiederkehrenden Leistungen verpflichtet wird, bedarf der Betreuer der Genehmigung des Vormundschaftsgerichts, wenn das Vertragsverhältnis länger als vier Jahre dauern oder vom Betreuer Wohnraum vermietet werden soll.

§ 174 StGB Sexueller Mißbrauch von Schutzbefohlenen

(1) Wer sexuelle Handlungen

1. an einer Person unter sechzehn Jahren, die ihm zur Erziehung, zur Ausbildung oder zur Betreuung in der Lebensführung anvertraut ist,

2. an einer Person unter achtzehn Jahren, die ihm zur Erziehung, zur Ausbildung oder zur Betreuung in der Lebensführung anvertraut oder im Rahmen eines Dienst- oder Arbeitsverhältnisses untergeordnet ist, unter Mißbrauch einer mit dem Erziehungs-, Ausbildungs-, Betreuungs-, Dienst- oder Arbeitsverhältnis verbundenen Abhängigkeit oder
3. an seinem noch nicht achtzehn Jahre alten leiblichen oder angenommenen Kind

vornimmt oder an sich von dem Schutzbefohlenen vornehmen läßt, wird mit Freiheitsstrafe bis zu fünf Jahren oder mit Geldstrafe bestraft.

(2) Wer unter den Voraussetzungen des Absatzes 1 Nr. 1 bis 3
1. sexuelle Handlungen vor dem Schutzbefohlenen vornimmt oder
2. den Schutzbefohlenen dazu bestimmt, daß er sexuelle Handlungen vor ihm vornimmt,

um sich oder den Schutzbefohlenen hierdurch sexuell zu erregen, wird mit Freiheitsstrafe bis zu drei Jahren oder mit Geldstrafe bestraft.

(3) Der Versuch ist strafbar.

(4) In den Fällen des Absatzes 1 Nr. 1 oder des Absatzes 2 in Verbindung mit Absatz 1 Nr. 1 kann das Gericht von einer Bestrafung nach dieser Vorschrift absehen, wenn bei Berücksichtigung des Verhaltens des Schutzbefohlenen das Unrecht der Tat gering ist.

§ 174 a StGB – Sexueller Mißbrauch von Gefangenen, behördlich Verwahrten oder Kranken und Hilfsbedürftigen in Einrichtungen

(1) Wer sexuelle Handlungen an einer gefangenen oder auf behördliche Anordnung verwahrten Person, die ihm zur Erziehung, Ausbildung, Beaufsichtigung oder Betreuung anvertraut ist, unter Mißbrauch seiner Stellung vornimmt oder an sich von der gefangenen oder verwahrten Person vornehmen läßt, wird mit Freiheitsstrafe bis zu fünf Jahren oder mit Geldstrafe bestraft.

(2) Ebenso wird bestraft, wer eine Person, die in einer Einrichtung für kranke oder hilfsbedürftige Menschen stationär aufgenommen und ihm zur Beaufsichtigung oder Betreuung anvertraut ist, dadurch mißbraucht, daß er unter Ausnutzung der Krankheit oder Hilfsbedürftigkeit dieser Person sexuelle Handlung an ihr vornimmt oder an sich von ihr vornehmen läßt.

(3) Der Versuch ist strafbar.

§ 174 b StGB – Sexueller Mißbrauch unter Ausnutzung einer Amtsstellung

(1) Wer als Amtsträger, der zur Mitwirkung an einem Strafverfahren oder an einem Verfahren zur Anordnung einer freiheitsentziehenden Maßregel der Besserung und Sicherung oder einer behördlichen Verwahrung berufen ist, unter Mißbrauch der durch das Verfahren begründeten Abhängigkeit sexuelle Handlungen an demjenigen, gegen den sich das Verfahren richtet, vornimmt oder an sich von dem anderen vornehmen läßt, wird mit Freiheitsstrafe bis zu fünf Jahren oder mit Geldstrafe bestraft.

(2) Der Versuch ist strafbar.

§ 174 c StGB – Sexueller Mißbrauch unter Ausnutzung eines Beratungs-, Behandlungs- oder Betreuungsverhältnisses

(1) Wer sexuelle Handlungen an einer Person, die ihm wegen einer geistigen oder seelischen Krankheit oder Behinderung einschließlich einer Suchtkrankheit zur Beratung, Behandlung oder Betreuung anvertraut ist, unter Mißbrauch des Beratungs-, Behandlungs- oder Betreuungsverhältnisses vornimmt oder an sich von ihr vornehmen läßt, wird mit Freiheitsstrafe bis zu fünf Jahren oder mit Geldstrafe bestraft.

(2) Ebenso wird bestraft, wer sexuelle Handlungen an einer Person, die ihm zur psychotherapeutischen Behandlung anvertraut ist, unter Mißbrauch des Behandlungsverhältnisses vornimmt oder an sich von ihr vornehmen läßt.

(3) Der Versuch ist strafbar.

Der Beitrag eines psychodynamischen Konzeptes zum Verständnis und zur Therapie von psychischen Störungen bei Menschen mit geistiger Behinderung

C. Gaedt

Zusammenfassung

Es besteht immer noch die Tendenz, psychische Störungen bei Menschen mit geistiger Behinderung als Ausdruck der geistigen Behinderung zu betrachten und nicht als Phänomene, die einer besonderen Erklärung bedürfen. Die Konsequenz ist, daß diese Störungen im Schatten der geistigen Behinderung bleiben und weder differenzierte diagnostische Mittel noch angemessene Behandlungsstrategien entwickelt werden. Die modernen Entwicklungen der psychoanalytischen Theorie haben mit der Entwicklungspsychologie, der Ichpsychologie und der Objektbeziehungstheorie neue Möglichkeiten zum Verständnis und zur Behandlung dieser Störungen geschaffen. Auf dieser Basis hat sich die psychoanalytisch-interaktionelle Psychotherapie entwickelt, die sich mit den notwendigen Modifikationen auch bei Menschen mit geistiger Behinderung anwenden läßt. In diesem Beitrag wird eine Einführung in diese Denkweise gegeben. Am Beispiel der Enttäuschungsreaktion wird verdeutlicht, wie mit dieser Methode Verhaltensauffälligkeiten auf dem Hintergrund der lebensgeschichtlichen Entwicklung verständlich gemacht werden können. Der Wert dieser Methode ergibt sich vor allem bei der Beratung von Mitarbeitergruppen. Wegen der mit dieser Methode verbundenen Tendenz zur Subjektivierung der diagnostischen und therapeutischen Prozesse und der notwendigerweise sich ergebenden Betonung einer „entwicklungsfreundlichen Beziehung" ist dieser Ansatz ein Gegengewicht zu der vorherrschenden Tendenz zur Biologisierung. Er ist damit ein Beitrag zur Humanisierung der Lebensbedingungen von Menschen mit geistiger Behinderung.

Was ist modern an psychodynamischen Erklärungsansätzen und Therapieverfahren?

Bei der Tendenz zur Verwissenschaftlichung und den allerorts erhobenen Forderungen nach Effektivitätsnachweisen muß es überraschen, wenn psychoanalytisch orientierte psychodynamische Ansätze auf einer Tagung über moderne Behandlungskonzepte bei Menschen mit geistiger Behinderung vorgestellt werden. Auch in Hinblick auf die unbestrittenen Fortschritte bei dem Versuch, psychoanalytisch orientierte Methoden der Therapie und Diagnostik überprüfbar zu machen (vgl. Grawe 1992; Arbeitskreis OPD 1998), ist die auf diesen Methoden basierende Praxis bei Menschen mit geistiger Behinderung noch weit von wissenschaftlichen Standards entfernt. Eine Operationalisierung des diagnostisch-therapeutischen Prozesses stößt hier schon allein wegen der vielfältigen Besonderheiten des verbalen und averbalen Kommunikationsprozesses auf kaum überwindbare Hindernisse, und Effektivitätsnachweise sind, will man realistisch bleiben, bei den in komplexen Zusammenhängen sich über Jahre hinziehenden Verläufen mit ständig sich ändernden Einflußgrößen im strengen wissenschaftlichen Sinn nicht zu erwarten. Modern in diesem Sinne sind also psychodynamische Konzepte zur Erklärung und Behandlung von Verhaltensauffälligkeiten bei Menschen mit geistiger Behinderungen nicht. Aus der Sicht der psychoanalytischen Theorieentwicklung allerdings ist das Etikett „modern" vertretbar, denn die vorgestellten Konzepte basieren vor allen auf Theorien, die die klassische Psychoanalyse an wesentlichen Punkten erweitert haben.

Ihre Attraktivität gewinnen diese Konzepte vor allem auch als Gegengewicht zu einer sich in den letzten Jahren immer deutlicher abzeichnenden Vormacht biologischer Ansätze in der Medizin. Hier spielen die faszinierenden Fortschritte der Genetik und der Gentechnologie sicherlich eine bedeutsame Rolle. Insofern ist die heutige Zeit vergleichbar mit jener Epoche, in der sich die Medizin aufgrund ihrer Erfolge zur Erklärung und Beeinflussung geistiger Behinderung eine vorrangige Position auf diesem Gebiet verschaffte. Als Beispiele mit Beweiskraft dienten damals der Kretinismus und der Zusammenhang mit einer endokrinen Störung. Diese medizinische Vorrangstellung blieb erhalten, als der therapeutische Optimismus längst verloren gegangen war, und wirkte sich für das Leben von Menschen mit geistiger Behinderung äußerst nachteilig aus. Weil ich eine Parallele zu der heutigen Entwicklung sehe, will ich auf die Risiken einer organisch orientierten Sichtweise der Medizin kurz eingehen.

Das Risiko biologistischen Denkens in der Medizin für Menschen mit geistiger Behinderung

Eigenständigkeit psychischer Störungen

Die in ärztlichen Kreisen weitverbreitete Überbetonung biologischer Erklärungsmuster für Verhaltensauffälligkeiten bei Menschen mit geistiger Behinderung hat ihre Wurzeln in der früher üblichen vereinfachenden Gleichstellung der geistigen Behinderung mit einem psychiatrischen Krankheitsbild, was letztlich auf Kraepelin zurückgeht (Bradl 1987). Damals wurde eine soziale Frage – nämlich die Frage „Wie sollen wir mit geistig Behinderten leben?" – in ein medizinisches Problem umdefiniert und medizinischen Lösungsstrategien unterworfen. Die Koppelung zwischen geistiger Behinderung und psychischer Auffälligkeit wurde zu einer pseudowissenschaftlichen Überzeugung, die auch heute noch von vielen Ärzten geteilt wird, und die zu dem führt, was man „diagnostic overshadowing" nennt. Wenn es um psychische Auffälligkeiten bei geistig Behinderten geht, verzichten Ärzte häufig auch heute noch weitgehend auf ihre diagnostische Phantasie und auf ihr Fachwissen, weil sie annehmen, daß psychische Auffälligkeiten wesensmäßig zum Phänomen der geistigen Behinderung gehören. Die Diagnose einer geistigen Behinderung macht aus dieser Sicht weitere Überlegungen zu ihrer Erklärung unnötig. Gleichzeitig unterstellt man den psychischen Störungen die gleiche Unbeeinflußbarkeit und Chronizität wie der geistigen Behinderung selbst. Gebahnt wurde diese Sichtweise sicherlich durch die relative Einförmigkeit psychopathologischer Bilder bei Menschen mit geistiger Behinderung, die sich in der Eintönigkeit des medizinisch ausgerichteten Alltages der Anstalten früherer Zeiten als Artefakte herausgebildet hatten.

Der Alltag geistig behinderter Menschen hat sich in eindrucksvoller Weise geändert. Mit der zunehmenden Differenzierung ihrer Fähigkeiten und Bedürfnisse in der Konfrontation mit den komplexen sozialen Normen und Anforderungen entwickelten sich Persönlichkeiten mit neuen Chancen individueller Selbstverwirklichung und, damit verbunden, mit neuen Verwundbarkeiten. Die Kluft zum normalen Leben mit seiner Vielfältigkeit wurde bis heute zwar nicht überwunden, hat sich aber deutlich reduziert. Im gleichen Maße haben sich die beobachtbaren psychopathologischen Bilder dem „Normalen" angeglichen und unterscheiden sich deutlich von den Verhaltensauffälligkeiten, wie man sie aus der Anstaltsära kannte.

Ohne jeden Zweifel hat sich angesichts dieser Entwicklung auch die Einstellung der Ärzte zu Menschen mit geistiger Behinderung geändert. Das bedeutet jedoch nicht, daß das oben angesprochene Risiko ganz überwunden ist. Es bleibt ein Problem, daß sich die Ausbildung der Ärzte, wenn es sich um das Phänomen der geistigen Behinderung handelt, vorwiegend auf die schwersten Formen der Behinderung und auf genetisch bedingte Syndrome konzentriert. Diese Syndrome lenken das Interesse auf eine für die Medizin und die Biologie zweifellos wichtige und faszinierende Frage: Aufgrund welcher genetischen Fehlinformationen kann es zur Entwicklung von Menschen kommen, die sich in ihrer Erscheinung und in ihren pathologisch biologischen

Eigenschaften bis hin zum Verhalten so ähnlich sind? Wichtig sind auch die Fragen nach der Prognose, nach möglichen präventiven und therapeutischen Strategien sowie nach besonderen Vulnerabilitäten oder Überempfindlichkeiten. Es ist verständlich, daß Fortschritte auf diesem Gebiet als Triumph der medizinischen Wissenschaft gesehen werden, insbesondere dann, wenn sich daraus Hoffnungen auf praktikable Präventivmaßnahmen ableiten lassen.

Das Risiko dabei ist, daß die Einstellung der Ärzte gegenüber der geistigen Behinderung sich hauptsächlich in der Auseinandersetzung mit diesen genetisch bedingten Krankheitsbildern bildet. Es kommt dadurch zu einer Überbetonung des naturwissenschaftlichen und biologischen Aspektes und zu einer ungünstigen Einschätzung der Prognose und der Beeinflußbarkeit. Lebensgeschichtliche und psychosoziale Einflußfaktoren haben in dieser Sichtweise keinen Platz.

Psychologische versus biologische Verhaltenssteuerung

Die genetischen Syndrome und die schweren Formen von geistiger Behinderung sind jedoch selten. Den meisten Ärzten wird in ihrer Praxis kein Patient mit einem Katzenschrei-Syndrom begegnen. Es ist aber sehr wahrscheinlich, daß sie auf die Begegnung mit einem Katzenschrei-Syndrom besser vorbereitet sind als auf ganz „normale" geistig behinderte und gleichzeitig psychisch kranke Menschen. Der auf Syndrome gerichtete klinische Blick übersieht leicht die normalen menschlichen gesundheitlichen Belange und deren Bedingungskonstellation, in denen biologische Faktoren möglicherweise nur eine untergeordnete Rolle spielen. Denn mit jedem Tag, den ein Kind – auch mit einer genetisch bedingten Störung – überlebt, entwickelt sich seine ganz spezifische Persönlichkeit, die zu einer neuen Einflußgröße auf psychische, aber auch auf körperliche Vorgänge wird.

Dieser für die menschliche Entwicklung entscheidende Übergang von der biologisch verankerten Verhaltensregulierung zu einer Steuerung über psychologisch zu erklärende Instanzen und Funktionen läßt sich durch die psychoanalytisch orientierte Entwicklungspsychologie gut nachzeichnen. Moderne psychodynamische Konzepte stützen sich auf diese Theorien. Indem sie die lebensgeschichtlich geprägte Persönlichkeit eines Menschen als mitbestimmende Einflußgröße zur Regulierung der sozialen Interaktionen und ihrer Störungen definiert, leistet sie mit ihrer Theorie und Praxis einen wichtigen Beitrag zur Vermenschlichung des Umganges mit Menschen mit geistiger Behinderung und psychischen Störungen.

Neuere Entwicklungen der psychoanalytischen Theorien

Es gab zwar immer wieder Ansätze innerhalb der verschiedenen psychoanalytischen Schulen, das Phänomen der geistigen Behinderung selbst (vgl. Sinason 1992; Niedecken 1999), aber auch die begleitenden psychischen Auffälligkeiten zu erklären. Sie blieben aber immer Außenseiterpositionen. Einen guten Überblick vermittelt hierzu Sinason (1992). Üblicherweise erklärten sich Vertreter der klassischen Psychoanalyse für Menschen mit geistiger Behinderung für nicht zuständig. Wenn man noch vor wenigen Jahren einen Psychoanalytiker gefragt hätte, was man mit einem psychisch auffälligen Menschen mit geistiger Behinderung tun solle, hätte man mit größter Wahrscheinlichkeit die Antwort erhalten, man solle einen Verhaltenstherapeuten aufsuchen. Daran hat sich bis heute nicht viel geändert. Allerdings kann man ein wachsendes Interesse an der psychoanalytisch orientierten Praxis im Umgang mit Menschen mit geistiger Behinderung feststellen, was man zum Beispiel an dem Erfolg der Bücher von Barbara Senckel (1994, 1998) ersehen kann, die an vielen Orten in die Ausbildungsliteratur eingegangen sind. Hier deutet sich ein Umdenken an, was auf moderne Tendenzen in der psychoanalytischen Theorie zurückgeführt werden kann.

Die Zurückhaltung der traditionellen Psychoanalytiker war durchaus nicht nur Zeichen einer bequemen Bescheidenheit. Ihr bei Neurosen bewährtes Instrumentarium erwies sich bei schweren Störungen, wie sie bei Menschen mit geistiger Behinderung häufig sind, als unbrauchbar. Erst die Expansion der psychoanalytischen Theorie in die Zeit vor der ödipalen Krise eröffnete neue Wege zum Verständnis. Die daraus sich entwickelnden neuen Konzeptionen sind insbesondere im Umgang mit schweren Persönlichkeitsstörungen entstanden und bekannt geworden. Hierzu zählen etwa die Borderline-Persönlichkeitsstörung, die narzißtische Persönlichkeitsstörung oder Suchtpersönlichkeiten. Kernberg (1981) und Kohut (1979) sind sicherlich nicht die einzigen Wegbereiter dieser neuen Entwicklung, ihre Namen eignen sich jedoch dazu, die neue Richtung zu charakterisieren.

Neben dem unbewußten Konflikt als Ursache für neurotische Störungen im Sinne von Freud ist der „persistierende Entwicklungsschaden" als Ursache für die sogenannten „Frühstörungen" im Sinne von Hoffmann und Hochapfel (1999) als ein Organisator von Psychopathologie getreten. Die psychoanalytische Entwicklungspsychologie, die Objektbeziehungstheorie und die Ichpsychologie, die als theoretische Grundlage dieser neuen Richtung gelten, haben die psychoanalytische Theorie und Praxis tiefgehend beeinflußt und gewandelt. Eine übersichtliche Darstellung dieser Entwicklung findet sich bei Blanck und Blanck (1980, 1981).

Die damit beschreibbaren persistierenden Störungen der frühen Entwicklung erwiesen sich als sehr fruchtbar bei der Erklärung psychopathologischer Auffälligkeiten bei Menschen mit geistiger Behinderung (Robinson, Robinson 1976; Balthazar, Stevens 1975; Sternlicht 1976; Konarski, Cavalier 1982; Levitas, Gilson 1988; Ruth 1990). Wichtiger als die in der Neurosenlehre so bedeutsamen Fixierungen auf Stadien der psychosexuellen Entwicklung werden hier zur Beschreibung der Psychopathologie die Qualität der dominierenden Objektbeziehungen (als Modell für die wichtigen zwischenmenschlichen Beziehungen) und die Effektivität der Ichfunktionen einschließlich der Abwehrprozesse (als Grundlagen für eine erfolgreiche soziale Anpassung) und die damit zusammenhängenden Fragen nach der Reife psychischer Strukturen (etwa Selbst, Über-Ich). Übergeordnetes und gleichzeitig störanfälliges (und deshalb für die Psychopathologie wichtiges) Entwicklungsziel ist dabei die Entwicklung von Autonomie. Ich habe in dem folgenden Abschnitt (Exkurs: Frühstörungen) die wichtigsten Grundbegriffe zusammengestellt und erläutert.

Heigl-Evers, Heigl und Mitarbeiter (1983, 1993) haben, basierend auf den modernen psychoanalytischen Ansätzen, die psychoanalytisch-interaktionelle Psychotherapie als eine Methode zur Diagnostik und Behandlung von Frühstörungen entwickelt. Diese Methode war nicht als Ersatz oder Konkurrenz zur klassischen Psychoanalyse gedacht, sondern als Ergänzung, um das psychoanalytische Instrumentarium an die Probleme im Umgang mit schweren Persönlichkeitsstörungen anzupassen. Sie ist sicherlich im strengen Sinne keine psychoanalytische Methode mehr. Unter Berücksichtung der besonderen Rahmenbedingungen wurde diese Methode auf die Diagnostik und Behandlung von psychischen Störungen von Menschen mit geistiger Behinderung übertragen (Gaedt 1987, 1990, 1991, 1994).

Exkurs: Frühstörungen – Erläuterung wichtiger Begriffe

Ichfunktionsdefizite

Ichfunktionen sind Instrumente der Anpassung. Sie integrieren innere Bedürfnisse mit den Anforderungen der äußeren Welt und des Über-Ichs (Hartmann 1958). Die Ichfunktionen bestimmen zum Beispiel die Qualität der Impulskontrolle, der Realitätsprüfung und der Urteilsfähigkeit. Personen mit mangelhaft ausgebildeten Ichfunktionen haben Schwierigkeiten mit der selektiven Wahrnehmung und können sich gegen interne und externe Reize nicht gut genug abschirmen; es besteht die Gefahr der „Reizüberflutung". Im Zusammenhang mit ihren Wahrnehmungsstörungen fehlt ihnen die Fähigkeit, zuverlässig zwischen inneren und äußeren Reizen und zwischen Wirklichkeit und Phantasie zu unterscheiden. Die Realitätsprüfung wird unter diesen Bedingungen schwierig. Oft sind sie nur eingeschränkt fähig, den Zusammenhang zwischen ihren Handlungsimpulsen und den auslösenden Ursachen zu erkennen. Oft sind sie nicht fähig, ihre Affekte und Handlungsimpulse zu kontrollieren und zu differenzieren. Im Umgang mit auf dieser Weise gestörten Menschen ist es wichtig, die Schwäche zu kennen und sich gegebenenfalls als „Hilfs-Ich" anzubieten, um Überforderung zu vermeiden und eine allmähliche Übernahme dieser Funktion über Internalisierung anzubahnen.

Unreife Abwehrmechanismen

Abwehrmechanismen sind notwendig, um das Individuum vor Angst zu schützen, und sie sind in späteren Entwicklungsstadien insbesondere wichtig, um angstbesetzte, unbewußte Wünsche oder Vorstellungen in Schranken zu halten. Im Laufe der Entwicklung werden frühe, unreife Formen der Abwehr durch reifere Formen mit höherer Effektivität ersetzt. Wenn das Abwehrsystem primitiv bleibt, können Ängste nicht effektiv gebunden werden. Sie drängen leicht und massiv in das bewußte Erleben ein und führen zu erregtem, angsterfülltem oder aggressivem Verhalten. Unreife

Abwehrmechanismen, also etwa Spaltung, Projektion, Introjektion und primäre Identifikation, beziehen stärker als die reiferen Formen die soziale Umgebung mit ein. Dies geschieht oft in einer außerordentlich intensiven und dramatischen Weise. Diese extreme Einbeziehung der sozialen Umgebung ist charakteristisch für psychische Störungen bei Menschen mit geistiger Behinderung.

Unreife Objektbeziehungen

Die Entwicklung der Ichfunktionen und der Abwehrmechanismen ist eingebettet in den Prozeß der Differenzierung des Selbst und seiner Beziehung zur Welt der Objekte (d. h. der wichtigen Bezugspersonen). Um die innere Welt eines psychisch Kranken mit unreifen psychischen Funktionen zu verstehen, muß der Therapeut einen empathischen Zugang zu den frühen Entwicklungsphasen finden. Jede Phase der Entwicklung hat ihre spezifische Entwicklungsaufgabe, die zu meistern ist. Wenn ein Kind dieses Entwicklungsziel verfehlt, kommt der Entwicklungsprozeß nicht zu einem Stillstand, aber im späteren Leben werden die spezifischen Bedürfnisse und Konflikte, die ihren Ursprung in diesen gestörten Entwicklungsphasen haben, zu schweren Störungen der sozialen Anpassungsfähigkeit führen. Ist zum Beispiel in der frühen Entwicklung die zuverlässige Unterscheidung von „Selbst“ und „Nicht-Selbst“ nicht geglückt, kann es in den Interaktionen mit bedeutungsvollen Partnern im späteren Leben zu Verschmelzungsängsten kommen. Diese führen oft zu dem Versuch, durch Aggressionen eine effektive Grenze herzustellen. Auch Selbstbeschädigungen können als Versuche interpretiert werden, „Grenzen“ erlebbar zu machen. Auf der anderen Seite kann aber auch ein persistierender Wunsch nach Symbiose beobachtet werden, der sich zum Beispiel in einer undifferenzierten Verschmelzung mit der externen Welt zeigt oder sich in parasitären Beziehungen äußert.

Unreife Über-Ich-Strukturen

Auf der Grundlage der Ichfunktionsschwäche und des Überdauerns von primitiven Objektbeziehungen treten auch Störungen der Über-Ich-Entwicklung auf. Ein reifes Über-Ich ist eine der wichtigsten Voraussetzungen für eine autonome Existenz. Ein gut funktionierendes Über-Ich wird realistische Ziele und Standards setzen. Es wird nicht nur die Funktion eines „Gerichtshofes“ haben, sondern wird auch eine Quelle der Selbstachtung sein und so die jeweilige Person weniger abhängig machen von Beziehungen, in denen sie ihre narzißtischen Befriedigungen erfahren (Chetic 1979). Wenn die Entwicklung des Über-Ichs erschwert ist, werden die betreffenden Personen weniger Möglichkeiten zu einer effektiven inneren Kontrolle haben und ihre Stabilität und Kontrolle von ihren jeweiligen Bezugspersonen abverlangen. Es erklärt zum Beispiel die häufig zu beobachtende Abhängigkeit und das Klammern bei psychisch gestörten geistig Behinderten. Darüber hinaus kommt es vor, daß unter dem Einfluß von Härte und Gewalt in der frühen Kindheit Vorstufen des Über-Ichs in einer externalisierten Form bestehen bleiben; diese Kinder werden dann die Außenwelt als feindlich und erschreckend erleben, was eine Widerspiegelung der emotionalen Qualität ihrer frühen Objektbeziehung ist. Als Ergebnis dieser Erfahrung werden diese Personen in der Regel ein hohes Angstniveau haben und dazu tendieren, die äußere Welt zu negieren und in ihrer narzißtischen Phantasiewelt verhaftet bleiben.

Unreife Übertragungsphänomene

Die Differenzierung der Objektbeziehungen ist nicht nur ein struktureller Prozeß, sie hat auch affektive Aspekte. Die affektiven Erfahrungen der frühen Beziehungen beeinflussen die sich herausbildenden „Selbst- und Objektrepräsentanzen". Auf diese Weise erwirbt das Kind entsprechend der frühen Erfahrungen affektive Muster, um die äußere Welt zu beurteilen und zu klassifizieren. Diese vorgeformten affektiven Erwartungen sind gekoppelt an korrespondierende Verhaltensmuster. Beide werden im späteren Leben das Erleben und das Verhalten der betreffenden Person prägen. Wenn zum Beispiel ein geistig behinderter psychisch kranker Mensch entsprechend seiner dominierenden frühkindlichen Erfahrung in seiner Betreuerin seine „verschlingende Mutter" sieht, wird er unter Mißachtung der realen Eigenschaften bei ihrem Anblick mit Panik oder mit Aggression reagieren. Ein anderer wird möglicherweise in der gleichen Betreuerin, die „omnipotente, alles gebende Mutter" erleben und wird sich entsprechend übermäßig fordernd verhalten und bei den kleinsten Frustrationen enttäuscht und aggressiv reagieren. Diese Phänomene lassen sich nicht lerntheoretisch erklären und angehen. Es sind Übertragungsphänomene, allerdings wegen der unreifen Natur der zugrundeliegenden Objektbeziehung von einer sehr archaischen Form. In Abgrenzung von der Übertragung im engeren Sinne auf der Basis einer gereiften Objektbeziehung nach Erreichen der Objektkonstanz sprechen Blanck und Blanck (1980, 1981) von „Objektwiederherstellung".

Selbstentwicklung und Selbsterleben

Identitätsentwicklung

Im normalen Verlauf der Entwicklung haben diese archaischen kombinierten Affekt- und Verhaltensmuster einen flüchtigen Charakter. Sie sind jedoch die Grundlage für das, was wir als Identität bezeichnen. Identität bezeichnet ein überdauerndes Schema der Selbsterkennung und Selbst-Realisierung (Berman 1979; Erikson 1956). Die Entwicklung und Differenzierung dieser Schemata ist ein lebenslanger Prozeß. Eine erwachsene Person verfügt über ein Ensemble gut differenzierter, anpassungsfähiger Schemata und gebraucht sie, um für sich eine stabile und befriedigende, individuell gestaltete Umwelt aufzubauen. Die verschiedenen Grundbedürfnisse sind auf diese Schemata in einer sehr individuellen Weise angepaßt, und es ist eine vorrangige Funktion dieser Schemata, ihre Befriedigung abzusichern. Auf diese Weise sind diese

Schemata eingebettet in das motivationale System. Indem eine Person ihren individuellen interaktionellen Stil auslebt, erlebt sie gleichzeitig ihre „Identität". Es ist wichtig zu betonen, daß dieser emotionale Zustand selbst wiederum eine motivationale Qualität bekommt. Die jeweilige Person fühlt sich gedrängt, diese Erfahrungen zu wiederholen, und sie wird geeignete Situationen aufsuchen oder selbst inszenieren, um diese Erfahrungen zu wiederholen. Sie wird also notfalls unbewußt ihre Interaktionspartner dazu verführen, dazu beizutragen, um über eine bestimmte Interaktionsform eine spezifische emotionale Atmosphäre zu gestalten. Derartige Prozesse werden als „Reinszenierung" bezeichnet.

Normalerweise sind sogar schon bei einem Kind die verschiedenen Interaktionsschemata so komplex und variationsfähig, daß man sie im einzelnen kaum mehr erkennt. Bei einem geistig schwer behinderten Menschen dagegen sind die emotionalen Zustände, die er erleben kann, oft wenig differenziert. Entsprechend undifferenziert ist dann seine Identität. Die verschiedenen Selbst-Schemata passen nicht richtig zusammen und sind kaum variationsfähig. Es gibt also keine fließenden Übergänge. Entsprechend disharmonisch erscheinen die Interaktionen. Im Falle von psychisch kranken geistig behinderten Personen kommt noch ein weiteres Merkmal hinzu. Die Selbstschemata haben oft eine archaische Qualität, die die bedrohlichen Erfahrungen der frühen Kindheit reflektieren. Als Folge davon sind die Reinszenierungen einfach, dramatisch und oft gewalttätig. Man kann in diesen Fällen von einer pathologischen Identitätsbildung sprechen.

Auf eine „pathologische Identität" kann man häufig zu beobachtende psychopathologische Interaktionen in Familien oder Gruppen mit psychisch kranken geistig behinderten Personen zurückführen. Oft sieht man hier stereotype Sequenzen von Interaktionen, die immer und immer wieder genau zu dem Verhalten führen, das die Eltern oder die Betreuer mit großer Anstrengung zu vermeiden suchen. Sie werden letztlich oft dazu gebracht, ihre pädagogischen Prinzipien aufzugeben und werden rigide, abwertend oder sogar manifest aggressiv. Die betreffende auslösende Person jedoch ignoriert all diese negativen Konsequenzen. Als wenn es eine Sucht wäre, versucht sie, diesen ganz spezifischen emotionalen Zustand, der Teil seines Identitätserlebens geworden ist, wiederherzustellen.

Wiederholungsphänomene

Dieses Phänomen ist ähnlich dem sogenannten Wiederholungszwang, der üblicherweise auf der Basis eines zugrundeliegenden unbewußten Konfliktes erklärt wird. Dies mag möglicherweise bei vielen neurotischen Persönlichkeiten zutreffen. In der psychoanalytischen Literatur (Emde 1991; Hoffmann, Hochapfel 1999) hat jedoch die Hypothese zunehmende Zustimmung gefunden, daß diese Wiederholungsphänomene auch als individuelle Problemlösungsversuche angesehen werden können. Der Grund, warum dieses Verhalten ständig wiederholt wird, ist, daß die Person keine anderen Verhaltensmöglichkeiten in dieser Situation zur Verfügung hat. Die jeweilige Person schafft Situationen, in denen Kontinuität und Vertrautheit erlebt werden kann, so daß sie sich in einer ganz spezifischen Beziehung zu einem bedeutungsvollen anderen erleben kann. Offensichtlich ist das vorrangige Ziel, die Kontinuität der Selbstwahrnehmung sicherzustellen. Diese Erklärung kommt sehr nahe an das Konzept von Sandler und Joffe (1969), die von einem grundlegenden Bedürfnis nach „Sicherheit" ausgehen.

Das individuelle Spektrum von erlebbaren Gefühlszuständen kann als die Grundlage der individuellen Identität angesehen werden. Man kann also sagen, daß das Individuum für sich selbst Gelegenheiten schafft, diese Identität mit den begleitenden emotionalen Zuständen wieder zu beleben. Aus dieser Sicht haben diese Wiederholungsphänomene eine vorrangige Bedeutung bei der Organisation normaler aber auch pathologischer sozialer Interaktionen.

Charakteristische Merkmale der psychoanalytisch orientierten interaktionellen Methode

Prinzip der Selbstkonstituierung des Individuums im Rahmen sozialer Interaktionen

Gestützt auf die Erkenntnisse der Säuglingsforschung – einen umfassenden Überblick geben hierzu die Bücher von Dornes „Der kompetente Säugling" (1993) und „Die frühe Kindheit" (1997) – geht diese Konzeption davon aus, daß der Mensch vom ersten Lebenstag an seine Entwicklung entlang der biologisch vorgegebenen Linien selbst organisiert. Sind die Voraussetzungen hierfür gegeben, gestaltet er durch sein Verhalten selbst die Bedingungen für seine Entwicklung. Grundlegend für diese Entwicklung sind Interaktionen mit den bedeutungsvollen Personen seiner Umwelt. Über die interaktionelle Erfahrung vollzieht sich die Affektwahrnehmung und Affektdifferenzierung, entwickeln sich innere Bilder (Repräsentanzen) als wichtigste Voraussetzung für die Symbolisierung und damit auch für die Selbststeuerung, reifen die Beziehungsmuster (Objektbeziehungen) und davon abhängig Ichfunktionen (siehe unten „Exkurs Frühstörungen"). In diesem Prozeß verfestigt das „Ich" seine Kompetenz als „zentraler Organisator des Psychischen" (Arbeitskreis OPD 1998, S.67), und es entwickelt sich das „Selbst" als „reflexive psychische Struktur" (Arbeitskreis OPD 1998, S.67). Schließlich vollzieht sich über diese Prozesse auch die Einpassung in die soziale Umwelt mit ihren Werten und Normen.

Einbeziehung unbewußter Prozesse zur Erklärung und Beeinflussung des Verhaltens

Viele therapeutische Konzeptionen haben die relative Eigenständigkeit innerer Prozesse in ihre Erklärungsmodelle für Verhaltensauffälligkeiten einbezogen. Dazu gehört auch die moderne Verhaltenstherapie. Allerdings wird diese Therapiemethode, wenn es um ihre Anwendung bei Menschen mit geistiger Behinderung geht, meist immer noch mit ihren Frühformen, also den oberflächlichen Extinktions- und Kontrollmethoden, identifiziert. Griffiths (1989), eine kanadische Verhaltenstherapeutin, spricht von „tip level"-Methoden und spielt damit auf den Vergleich mit einem Eisberg an. Ich greife diesen Vergleich auf (Abb. 1), um damit die Unterschiede zu psychodynamischen Sichtweisen zu veranschaulichen.

In diesem Bild hatte der Verhaltenstherapeut der früheren Jahre, indem er sich die Eisbergspitze als sein Praxisfeld herausgesucht hat, den Vorteil, übersichtliche Verhältnisse vorzufinden. Die diesen Bedingungen angepaßte Theorie fasziniert wegen ihrer Einfachheit und offensichtlichen Plausibilität. Das gleiche gilt für die daraus abgeleitete Praxis. Sie kommen weitverbreiteten Laienvorstellungen sehr entgegen und haben zudem noch den Vorteil, daß sie, anders als psychodynamisch orientierte Methoden, den Mitarbeitern und Mitarbeiterinnen eine emotionale Distanz zu den Betroffenen erlauben, was bei den naheliegenden Möglichkeiten der Verstrickung als sehr entlastend erlebt wird. Unbestritten ist, daß sich damit in vielen Fällen schnelle Erfolge erzielen lassen.

Griffiths weist allerdings darauf hin, daß die oberflächlichen Anpassungsstrategien in der Regel bei schweren Störungen keinen dauerhaften Erfolg erzielen können. Bei den Methoden, die sich später entwickelt haben, und die von Dorothee Griffiths als „behaviortural teaching" und „behaviortural modification" zusammengefaßt werden, hat sich das Interesse der Therapeuten auf den Teil des Eisberges verlegt, der unterhalb der Wasserlinie liegt, weil man hier die überdauernden verhaltenssteuernden Instanzen vermutet. Der moderne Verhaltenstherapeut nähert sich dem Eisberg also unterhalb der Wasseroberfläche. Er profitiert zwar noch von der Nähe der hellen Oberfläche, muß aber für seine Praxis eine komplexere Theorie entwerfen.

Dorothee Griffiths beschreibt ihre Methode als einen umfassenden Ansatz, der nicht nur Gefühle als emotionale Grundlagen für Verhaltensweisen berücksichtigt, sondern auch interne Kontrollmechanismen als Voraussetzungen für Anpassungs- und Bewältigungskompetenzen. Sie bezieht das soziale Umfeld mit den höchst individuell geprägten reziproken Interaktionen in gleicher Weise ein wie die individuelle Perspektive und Fragen der Lebensqualität. In diesem komplexen Feld werden die auslösenden und verstärkenden Faktoren für Verhaltensstörungen gesucht. Die neuen therapeutischen Strategien müssen, so Griffiths, diese Komplexität berücksichtigen. Die „innere Welt", ein zunächst verschmähtes Territorium, wurde von den Verhaltenstherapeuten erobert. Der moderne Verhaltenstherapeut ist zum Nachbarn seines tiefenpsychologisch arbeitenden Kollegen geworden. Dieser hat – in dem Eisbergbild tief unter der Oberfläche – keine guten Erkenntnisbedingungen. Seine Begrifflichkeit ist zwar immer noch anders als die der modernen Verhaltenstherapie, die Voraussetzungen für eine Verständigung sind aber gegeben.

Der Vergleich eines Menschen mit einem Eisberg hat Schwächen. Eine Unstimmigkeit besteht darin, daß er eine homogene Struktur vorgibt. Bei der menschlichen Psyche muß man aber von heterogenen Strukturen ausgehen. Will man also bei dem Vergleich bleiben, so muß man dem Eisberg verschiedene Zonen zuordnen (Abb. 2). Die drei unterschiedlichen Konzepte sind Antworten auf jeweils andere Fragen. Sie haben es mit verschiedenen Bereichen und damit verschiedenen Gesetzlichkeiten zu tun, die mit einer jeweils unterschiedlichen Begrifflichkeit zu beschreiben sind. Entsprechend unterschiedlich muß ihre Praxis sein.

Die „tip level"-Methoden der frühen Verhaltenstherapie haben es mit dem Bereich der Psyche zu tun, der die Anpassung der Bedürfnisbefriedigung des Individuums an die Regeln der sozialen Umwelt steuert (Lincke 1981, S.91 f). Das Verhalten ist prinzipiell einer „Wenn-dann-Logik" unterworfen. Die Bewertung der jeweiligen Konsequenzen entzieht sich jedoch einer rationalen Regel. Ob Schmerz, zum Beispiel, zu vermeiden oder anzustreben ist, wird nicht in der „tip level"-Region entschieden.

Selbstverständlich sind viele und auch viele störende Verhaltensweisen auf der Grundlage des Anpassungslernens verständlich zu machen. Es kommt außerdem hinzu, daß jedes Verhalten zu einem Instrument in diesen Anpassungsprozessen werden kann, auch wenn es ursrünglich einen anderen Entstehungsgrund hatte. Autoaggressives Verhalten kann zum Beispiel in Dienste der Durchsetzung von Zuwendungsansprüchen gestellt werden, obwohl es ursprünglich als Selbstbestrafungsmaßnahme entstanden sein mag. Dasselbe Verhalten kann also bei derselben Person zu unterschiedlichen Zeiten verschiedene Bedeutungen haben. Da störende Verhaltensweisen, die auf dem Wege der Anpassung gelernt worden, häufig sind, haben „tip level"-Methoden ihre Berechtigung, soweit sie sich auf ihren Gültigkeitsbereich beschränken.

Die psychoanalytisch interaktionelle Methode beschäftigt sich nicht mit gelernten Verhaltensweisen. Störungen aus der Sicht dieser Methode sind in erster Linie Hinweise auf eine gestörte Entwicklung. Die Begründung für die Verhaltensweisen und die Möglichkeiten zur Beeinflussung werden in Strukturen gesucht, die „unterhalb der Wasseroberfläche" liegen. Sie manifestieren sich als unreife psychische Funktionen oder Strukturen oder aber mit der sozialen Umgebung nicht kompatible individuelle Bedeutungsgebung. Lincke (1981, S. 97) bezeichnet die Setzung individueller Bedeutungen als „Angleichung" und grenzt diese von der „Anpassung" (über Lernprozesse) ab. Er sieht darin jene Prozesse, in denen die axiomatischen Grundlagen für das Motivationssystem geschaffen werden. Hier entstehen auf Wegen, die einer rationalen Erklärung nicht zugänglich sind, die affektiven Bewertungen, die – in der Spitze des Eisberges – die Grundlage für das Anpassungslernen bereitstellen.

Die Aufgabe der Diagnostik ist es, die Bedeutung der Symptome auf dem Hintergrund der gestörten individuellen Entwicklung zu entschlüsseln. Von zentraler Bedeutung dabei sind Übertragungs- und Gegenübertragungsphänomene (siehe unten „Exkurs Frühstörungen"). Übertragungsphänomene bei Persönlichkeiten mit unreifen psychischen Strukturen und Funktionen manifestieren sich in der Tendenz, aktuelle Interaktionen nach dem Muster früherer Beziehungen zu gestalten. Diese Objektwiederherstellungen sind von dem Betroffenen prinzipiell nicht kontrollierbar. Auch die Interaktionspartner, die, wie über ein geheimes Drehbuch gesteuert, in die sich oft stereotyp wiederholenden Prozesse verwickelt werden, haben meist keine Chance, sich von der ihnen zugeschriebenen Rolle zu distanzieren. Ich will das am Beispiel einer Tendenz zu masochistischen Unterwerfungen veranschaulichen. Bei diesem Verhaltensmuster provoziert der oder die Betroffene seine Angehörigen oder seine pädagogischen Betreuer (in der Übertragungsverkennung sind das dann zum Beispiel seine Eltern) solange, bis sie schließlich trotz aller guten Vorsätze Gewalt anwenden. Das führt in der Regel schnell zum Zusammenbruch des Widerstandes und zu

Wiedergutmachungsangeboten („Bin wieder artig“). In Sinne der psychoanalytisch orientierten Methode würde man die Interaktion als Wiederholung eines gescheiterten Kampfes um Autonomie interpretieren und sie der Wiederannäherungsphase (Mahler et al. 1980) zuordnen. Man würde über eine Analyse der Gegenübertragungsreaktionen das Omnipotenzerleben, aber auch die Wut und den Haß, auf seiten der Betroffenen spüren und schließlich auch den Sturz in Depression und Resignation nachempfinden, der den Versuch zur Wiederherstellung einer freundlichen Beziehung begleitet. Für die Betroffenen sind Vor- oder Nachteile, Belohnung oder Bestrafung völlig irrelevant. Der Versuch, mit strafenden Konsequenzen das Verhalten zu beeinflussen, wäre mit dem Risiko belastet, eine Spirale der Gewalt auszulösen. Damit wäre das zerstört, was die Betroffenen brauchen, um einen Ausweg zu finden: die entwicklungsfreundliche Beziehung. Die entwicklungsfreundliche Qualität der Beziehung wird als wesentlicher Faktor in therapeutischen Prozessen gesehen (Došen 1990; Emde 1991; Senckel 1998).

Vermeidung einer individualisierenden Psychopathologie

Bei den schwierigen Bedingungen, unter denen sich Menschen mit geistiger Behinderung entwickeln müssen, überrascht es nicht, wenn man häufig auf unreife Funktionen und Strukturen stößt (siehe unten „Das psychosoziale Defizit“). Zu den Konsequenzen gehört auch eine verminderte Fähigkeit zur Symbolisierung von Affekten, was ihre interne Verarbeitung erschwert. Reifere Steuerungs- und Abwehrprozesse können nicht wirksam werden, so daß auf den Prozeß der Externalisierung zurückgegriffen werden muß. Hinzu kommt, daß wichtige Funktionen, die die soziale Anpassung ermöglichen (z. B. Impulskontrolle, Frustrationstoleranz) nicht effektiv genug sind. Als Folge davon werden zur Bewältigung innerer Spannungen die Interaktionen mit anderen Personen genutzt. Auf der anderen Seite haben sie oft einen geringen Reizschutz und nehmen ungefiltert jede Stimmung auf. Oft können Phantasie und Realität nicht zuverlässig voneinander unterschieden werden. Die Betroffenen schaffen sich also über Übertragungsphänomene oder Projektionen eine eigene, meist bedrohliche Wirklichkeit. Was Blanck und Blanck (1981) über Personen mit Frühstörungen gesagt haben, gilt auch für viele geistig Behinderte: Sie leben mehr in äußeren sozialen als in inneren psychischen Strukturen. Das erklärt, warum gruppendynamische Verhältnisse in Wohngruppen von Menschen mit geistiger Behinderung so unüberschaubar sein können.

Der Vergleich mit dem Eisberg bedarf also einer weiteren Modifikation. Er vermittelt den falschen Eindruck, daß die Verhaltensweisen der Individuen außerhalb des sozialen Bezugsraumes erklärbar wären. Ein Eisberg ist nach der psychoanalytisch-interaktionellen Sichtweise aber nie allein (Abb. 3). Solange man sich jedoch mit der Spitzenregion beschäftigt, kann leicht der Eindruck bestehen bleiben, daß der Symptomträger auch die Ursache der beobachtbaren Störungen sein muß. Erst bei einem Blick unter die Decke (Abb. 4) wird das wahre Ausmaß der gegenseitigen Beeinflussung deutlich. Es wird dann auch wahrnehmbar, daß externe Personen, also z. B. Angehörige oder Mitarbeiter oder Therapeuten, als reale Personen oder aber als innere Bilder, das

Abb. 1: Schematische Darstellung der verschiedenen therapeutischen Ansätze (Eisbergvergleich). 1: Verhaltenstherapeut, 2: moderner Verhaltenstherapeut, 3: tiefenpsychologisch orientierter Therapeut.

Abb. 2: Erste Modifikation des Eisbergvergleiches. Jedes der drei therapeutischen Konzepte hat seinen Gültigkeitsbereich. Jedes Konzept entwickelt für seinen Bereich eine eigene Begrifflichkeit und schafft sich eigene Beeinflussungsstrategien.

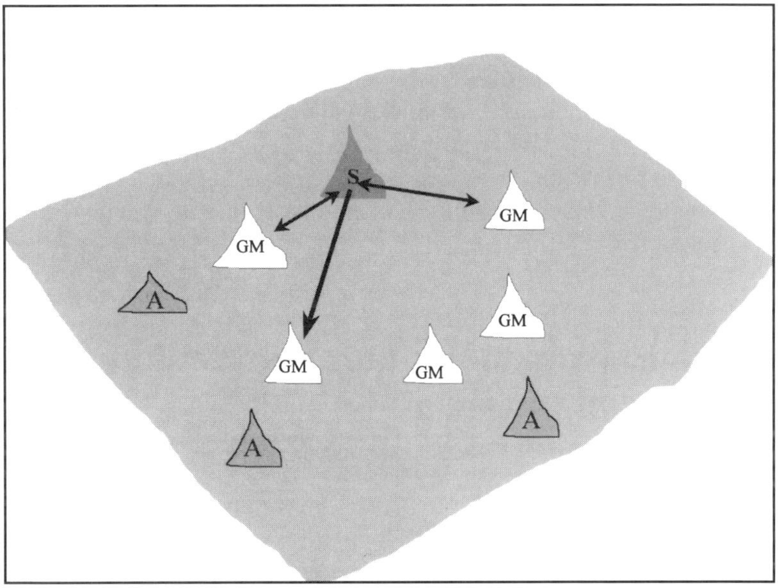

Abb. 3: Zweite Modifikation des Eisbergvergleiches: Ein Eisberg ist nie allein. Die Interaktionen zwischen den Eisbergspitzen geben ein unvollständiges Bild der gegenseitigen Beeinflussung. S: Sympromträger, GM: Gruppenmitglied, A: Außenstehende.

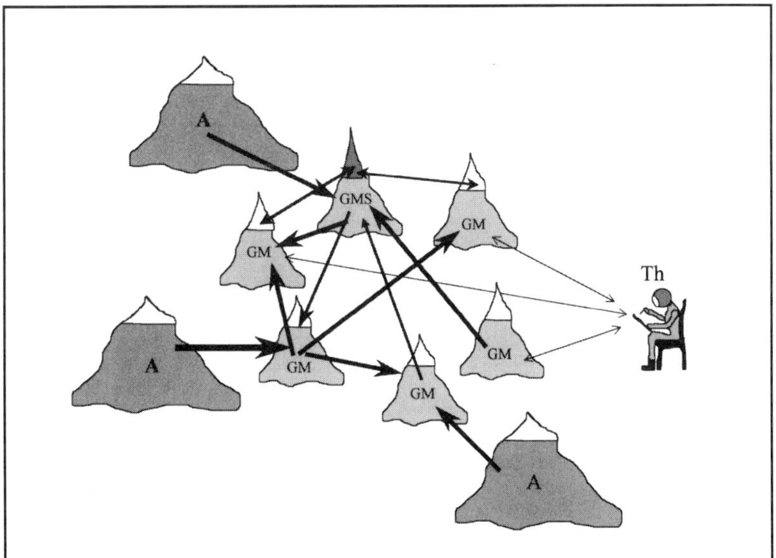

Abb. 4: Unterhalb der Oberfläche des Eisbergs wird das Ausmaß der gegenseitigen Beeinflussung erst deutlich. Die Quelle störender Interaktionsmuster kann nicht mehr so leicht ausgemacht werden, zumal auch Außenstehende (A) als reale Personen oder innere Bilder mitwirken.

Gruppenmilieu und damit auch Verhaltensstörungen beeinflussen können. Der psychoanalytisch-interaktionell arbeitende Therapeut steht einer verwirrenden Wirklichkeit gegenüber. Er wird allerdings nicht mehr auf den Fehler verfallen, seine Bemühungen allein auf einen Symptomträger zu begrenzen. Diagnostische oder therapeutische Arbeit mit psychisch kranken Menschen mit geistiger Behinderung bedeutet immer Arbeit mit Gruppen. Alle Beteiligten, also auch die Mitarbeiter und Mitarbeiterinnen, können prinzipiell in die Entstehungsgeschichte von psychischen Auffälligkeiten verwickelt sein.

Frühe Entwicklung unter den Bedingungen einer geistigen Behinderung – das „sekundäre psychosoziale Defizit"

Bei der zentralen Stellung, die der Säugling bei der Initiierung und Steuerung der Interaktionsprozesse hat, muß man eingreifende Komplikationen bei der Entwicklung psychischer Strukturen und Funktionen erwarten, wenn diese Prozesse unter der Bedingung einer geistigen Behinderung ablaufen müssen. Man wird also auch – keineswegs immer, aber häufig – bei einem nicht verhaltensauffälligen Menschen mit einer geistigen Behinderung Spuren dieser frühen Entwicklungsstörung finden.

Selbst unter günstigen Bedingungen hat ein geistig behindertes Kind kaum die Chance, sich normal zu entwickeln. Das hängt nicht nur von dem Vorliegen einer organischen Schädigung ab, die in der Regel zu einer erheblichen Störung der Kind-Umwelt-Interaktion führt. Ein wichtiger Faktor dabei ist das Verhalten der Eltern. Es ist ein transkulturelles Phänomen, daß Mütter sich ihrem behinderten Kind gegenüber wegen einer ausgeprägten Trauerreaktion in den ersten Monaten anders verhalten, als sie sich einem nicht behinderten Säugling gegenüber verhalten würden (Solnit, Stark 1961). Bicknell (1983) hat aus familiendynamischer Sicht die Risiken für die Entwicklung eines geistig behinderten Kindes nachgezeichnet und verständlich gemacht, daß auch ohne organische Ursache auf diesem Wege schwerwiegende psychische Störungen auftreten. Bedeutsam ist in diesem Zusammenhang aber auch ein kulturspezifisches Sozialisationsmuster, auf das Levitas und Gilson (1988) aufmerksam gemacht haben. Dieses verdeutlicht sich schon in der frühen Entwicklungsphase. Die Beziehung zwischen den Eltern und dem behinderten Kind unterscheidet sich in einem ganz bedeutsamen Aspekt von ihrer Beziehung zu einem nicht behinderten Kind: die Kind-Eltern-Interaktion wird im Falle eines behinderten Kindes von den Eltern und nicht vom Kind selbst initiiert und dominiert (Literatur siehe bei Levitas, Gilson, 1988). Interaktionen werden von den Eltern oft geradezu erzwungen. Das Kind hat also kaum eine Chance, sich selbst als Urheber von Veränderungen in seinem Erfahrungsraum zu erleben. Damit ist das befriedigende Erleben wachsender Autonomie als eine wichtige Quelle zum Aufbau narzißtischer Reserven dem behinderten Kind weitgehend verwehrt. Narzißtische Bestätigung kann es nur über die zweite Quelle, die „Bewunderung" durch die Eltern, gewinnen, was die Abhängigkeit von ihnen noch mehr verfestigt. Dieses Interaktionsmuster prägt die einzelnen Entwicklungsstadien der frühen Kindheit und wird im späteren Leben durch die üblicherweise an kognitiven Leistungen orientierten pädagogischen und therapeutischen Maßnahmen noch verstärkt. Unter diesen Bedingungen können zwar Fortschritte auf dem Gebiet der motorischen und kognitiven Entwicklung erreicht werden, Selbstachtung und eine darauf gegründete Autonomie werden jedoch eher gehemmt. Diese verzerrte Form der Interaktion führt zu einer Schwäche der Persönlichkeitsstrukturen, die von Levitas und Gilson als „sekundäres psychosoziales Defizit" zusammengefaßt wurden.

Neben dem untypischen Selbst-Erleben („mediated self"), dem wichtigsten Merkmal dieses sekundären psychosozialen Defizites, finden sich außerdem ein unreifes Über-Ich, ein omnipotentes Ichideal und eine unzureichende Selbststeuerung. Entsprechend ihrer unreifen Persönlichkeitsstruktur zeigen diese Jugendlichen oft ein Verhalten, das leicht in psychopathologischen Begriffen beschrieben werden könnte. Auch im späteren Leben reagieren sie zum Beispiel übermäßig stark auf Trennung, sie bleiben abhängig von dominanten Bezugspersonen, sie verweigern sich tendenziell bei Forderung nach selbständigem Handeln, sie haben eine ausgeprägte Selbstwertproblematik und sind somit überempfindlich gegen Kränkungen, sie fordern ein großes Maß an emotionaler Unterstützung, wenn sie mit neuen oder schwierigen Aufgaben konfrontiert werden, und reagieren häufig mit Panikreaktionen, wenn sie überfordert sind.

Trotzdem wäre es falsch, von einer psychiatrischen Störung im engeren Sinne zu sprechen. Diese strukturellen Schwächen sind das Resultat einer „normalen" Entwicklung unter den Bedingungen einer geistigen Behinderung. Sie sind also nicht als ein angeborenes oder konstitutionelles Defizit anzusehen, wie die von Levitas und Gilson gewählte Bezeichnung zunächst nahelegt. Die Autoren betonen ausdrücklich das Zusammenspiel von vorgegebenen Schwächen auf seiten des behinderten Kindes, reaktiven psychischen Schwierigkeiten der Eltern und einer „defektorientierten" Pflege- und Förderkultur.

Die Vielfältigkeit der Symptomatik verlangt eine differenzierte Diagnostik

Die von Levitas und Gilson beschriebenen psychischen Formationen haben, wie gesagt, keinen Krankheitswert. Sie sind jedoch Grundlage für eine Disposition, die unter entsprechend ungünstigen Bedingungen zu Verhaltensauffälligkeiten führen kann. Bei den vielen Möglichkeiten von risikoreichen Belastungen, denen ein Mensch mit geistiger Behinderung ausgesetzt ist – man denke an die häufigen Trennungssituationen, an das Leben in Gruppen, an Entwertungserlebnisse, an Über- oder Unterforderung – ist die Häufigkeit von Verhaltensauffälligkeiten nicht verwunderlich. Lotz (1991) kommt in seinem Literaturüberblick zu dem Ergebnis, daß bei 30–40 % aller Menschen mit geistiger Behinderung eine relevante psychische Störung diagnostiziert werden kann. Sicherlich wird man nur in seltenen Fällen diese Störungen als bekannte psychiatrische

Krankheitsbilder klassifizieren können. Letztlich bleibt in den meisten Fällen nichts anderes übrig, als das, was in der ICD-10 (Dilling et al. 1993, S. 254 ff) vorgeschlagen wird. Hier kann man zu den verschiedenen Stufen der Intelligenzminderung (F70–F79) durch eine Zusatzziffer dokumentieren, daß eine Verhaltensstörung vorliegt. Allerdings sind diese Kategorien in überraschender Weise undifferenziert. Man kann wählen zwischen „deutliche Verhaltensstörungen, die Beobachtung oder Behandlung erfordern“ (F7x.1), „sonstige Verhaltensstörungen“ (F7x.8) und „nicht näher bezeichnete Verhaltensstörungen“ (F7x.9). Bei dem sonst unübersehbaren Zwang zur Differenzierung, die dieses Klassifikationssystem auszeichnet, muß diese Nachlässigkeit verwundern. Man kann sich des Eindruckes nicht erwehren, daß hier doch wieder eine „wesensmäßige“ Koppelung von Intelligenzminderung und Verhaltensauffälligkeiten (siehe oben) unterstellt wird, die eine weitere Differenzierung unwichtig macht. Es wäre übrigens viel klarer, wenn man die F70–F79-Nummern abschaffen und in Zusatzkategorien für die anderen Hauptkategorien umwandeln würde. Schließlich ist die Intelligenzminderung keine psychiatrische Störung, sondern ein – sicherlich wichtiges – zusätzliches Merkmal.

Ich erwähne dies, weil dieser Umgang mit den psychischen Störungen von Menschen mit geistiger Behinderung Konsequenzen hat. Ein solches Klassifikationssystem gibt dem therapeutisch tätigen Arzt keine Hilfe im Umgang mit den vielfältigen Verhaltensauffälligkeiten, es regt nicht einmal an zu versuchen, diese Störungen zu verstehen. Gerade aber dieses Ziel ist aus der Sicht eines psychodynamischen Konzeptes unverzichtbar, wenn man nicht Gefahr laufen will, in seiner Diagnostik und Therapie den humanistischen Aspekt aus dem Auge zu verlieren. Der psychodynamische Ansatz versucht, die jeweiligen Auffälligkeiten auf dem Hintergrund des Wechselspiels zwischen lebensgeschichtlich gewordener Persönlichkeit und der sozialen Umwelt zu verstehen. Therapeutische Interventionen beziehen sich dementsprechend auf Entwicklung der Persönlichkeit und auf Beeinflussung der sozialen Umgebung. Dieses Denken schließt die Berücksichtigung anderer pathogenetischer Faktoren, also zum Beispiel das Lernen störender Verhaltensweisen oder organische Faktoren, nicht aus.

Modifikation der Enttäuschungsreaktion durch persönlichkeitsspezifische psychische Funktionen und Strukturen

Psychobiologische Grundreaktion auf Schmerzreize

Am Beispiel der verschiedenen Reaktionen auf enttäuschende Situationen will ich die Möglichkeiten eines psychodynamischen Ansatzes zur Erklärung von Verhaltensauffälligkeiten deutlich machen. Enttäuschungsreaktionen treten auf, wenn das Selbst den Verlust eines angenehmen Erlebenszustandes erfährt bzw. davon bedroht ist. Das

Verlusterleben geht mit einem depressiven Affekt einher, der wie ein Schmerz wahrgenommen wird (Sandler, Joffé 1980). Wie ein Schmerz löst das Verlusterleben Verhaltensweisen (Abb. 5) aus, die darauf gerichtet sind, die Situation zu verhindern oder rückgängig zu machen („Aggression"). Unter der Voraussetzung, daß sich die betreffende Person der Situation hilflos ausgesetzt fühlt, kommt es zu Rückzugs- oder Vermeidungsverhalten (Flucht). Beide Verhaltensweisen sind mit den entsprechenden affektiven Zuständen verbunden. Ärger, Wut und Haß begleiten aggressives Verhalten; Resignation, Hilflosigkeit oder Depression treten bei Flucht- oder Vermeidungsverhalten auf. Gleichzeitig werden mit dem jeweiligen Verhalten und mit den dazu gehörenden affektiven Zuständen die jeweils spezifischen vegetativen Erregungsmuster ausgelöst. Sandler und Joffé (1980) haben darin eine psychobiologische Grundreaktion gesehen und daraus ihre Theorie der Entstehung von depressiven Störungen im Kindesalter begründet.

Ihr spezifisch menschliches Gepräge bekommt die psychobiologische Grundreaktion durch die individuelle Verarbeitung, die insbesondere von der lebensgeschichtlichen Vorerfahrung und dem Reifegrad der psychischen Funktionen und Strukturen abhängt. Mit Hilfe der psychoanalytischen Theorie und ihrer Begrifflichkeit wird die Psychodynamik vieler, alltäglicher Verhaltensauffälligkeiten, die sonst nur als mehr oder weniger störende Merkwürdigkeiten eingeordnet werden würden, als Varianten der psychobiologischen Grundreaktion und damit als menschliche Erlebensweise verstehbar. Die depressiven Reaktionen erscheinen so als ein Sonderfall des allgemeinen Reaktionskomplexes (Gaedt, Gärtner 1990; Gaedt 1991).

Modifikationen durch psychische Prozesse

Auf einige Modifikationsmöglichkeiten möchte ich kurz eingehen (Abb. 6). So können Situationen aufgrund von Übertragungsphänomenen fehlinterpretiert werden und, unverständlich für den Außenstehenden, Enttäuschungsreaktionen auslösen. Oft führt eine unzureichende Fähigkeit, Vorgestelltes von Realem zu unterscheiden, zu unangemessenen Verhaltensweisen. Wie stark eine Situation als enttäuschend empfunden wird, hängt schließlich auch von dem Selbstwertgefühl der Betroffenen ab. Bei stabiler Selbstwertregulation wird die Schwelle zur Enttäuschungsreaktion hoch sein. Bei geringen narzißtischen Reserven werden schon geringe Frustrationen die Gefahr eines Zusammenbruchs der Selbstwertregulation mit sich bringen und aggressiv (gegen das auslösende Objekt, weil es die Situation herbeigeführt hat) oder autoaggressiv (gegen das Selbst, weil es die Situation nicht verhindert hat) geprägte Enttäuschungsreaktionen. Solche Reaktion sind typisch für Versagenssituationen, die im Alltag von Menschen mit geistiger Behinderung häufig vorkommen. Ein Beispiel soll diese Reaktionsweise veranschaulichen. Ein junger geistig behinderte Mann versucht, eine Tür zu öffnen. Es gelingt ihm nicht, weil das notwendige Drehen des Griffes seine motorischen Fähigkeiten überfordert. Er versucht es immer und immer wieder und gerät in zunehmende Erregung. Schließlich tritt er unter lautem Gebrüll gegen die Tür. Dann läßt er sich zu Boden fallen und schlägt den Kopf so lange auf den Boden, bis Blut fließt. Es liegt nahe, das Verhalten als eine übersteigerte Enttäuschungsreaktion zu interpretieren. In

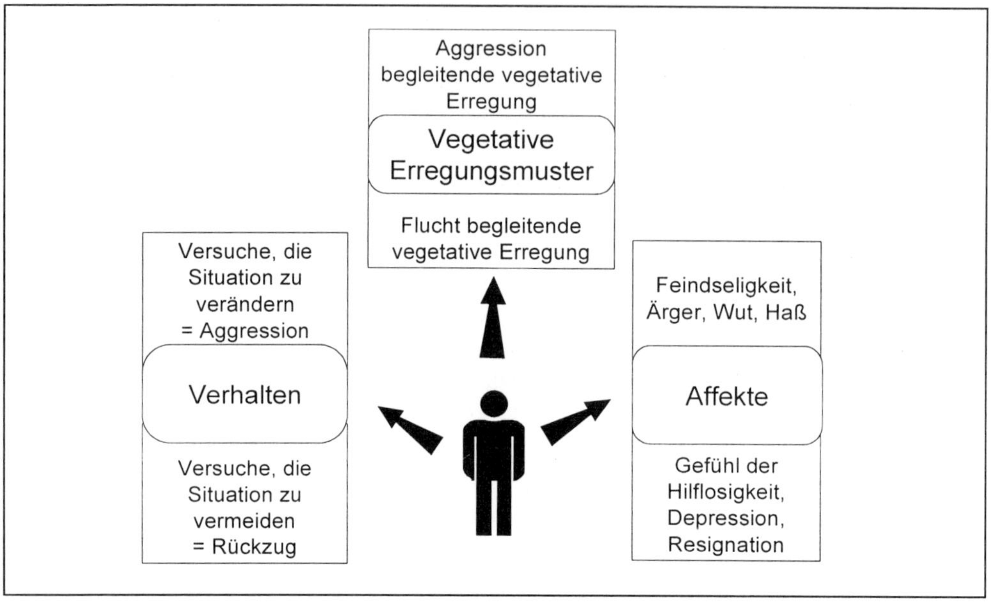

Abb. 5: Psychobiologische Grundreaktion nach enttäuschenden Erlebnissen. Eine Enttäuschung wird wie ein Schmerz erlebt und führt zu den gleichen Reaktionsmustern in den Bereichen Affekt, Verhalten und vegetatives Nervensystem. Je nachdem, wie die eigene Stärke eingeschätzt wird, kommt es zu aggressiver Einflußnahme auf die Situation oder zum Rückzugsverhalten jeweils mit den entsprechenden affektiven und vegetativen Reaktionen.

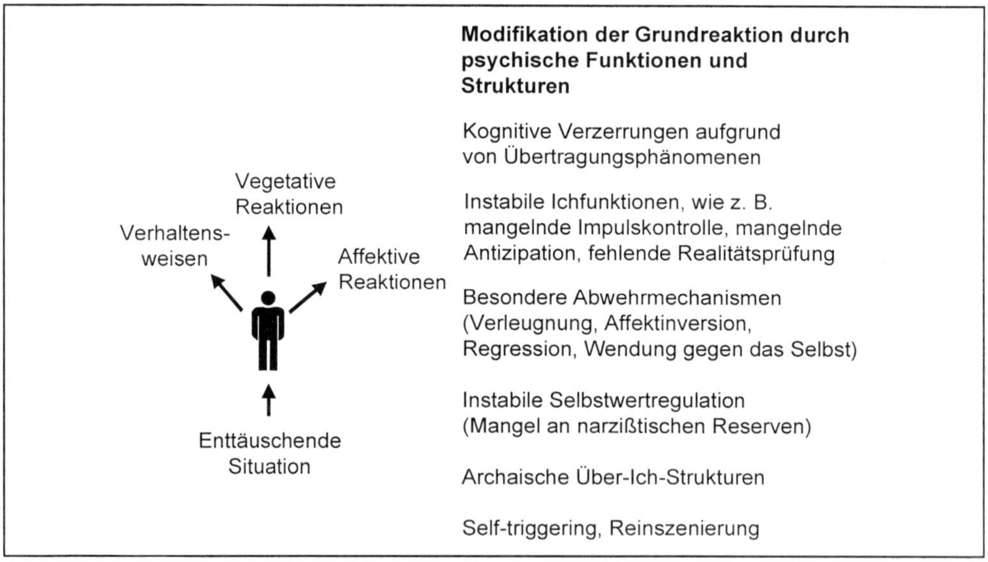

Abb. 6: Möglichkeiten der Modifikationen der psychobiologischen Grundreaktion durch psychische Funktionen und Strukturen. Durch diese Modifikationen bekommt die Grundreaktion ihr spezifisch menschliches Gepräge; sie ist dann keine biologische Reaktion mehr.

einer ersten Phase wird versucht, die drohende Gefahr für das Selbstwertgefühl infolge einer Versagenssituation durch Intensivierung der Öffnungsversuche abzuwenden. Mit dem endgültigen Scheitern bricht die Wut ungehindert durch; es wird versucht, den enttäuschenden Gegenstand aus der Welt zu schaffen. Schließlich wird das Verhalten durch den zunehmenden Einfluß des Über-Ichs modifiziert, das unerbittlich eine Selbstbestrafung für das Versagen einfordert.

Nicht nur die Auslösung, sondern auch die Manifestation von Enttäuschungsreaktionen hängt von individuellen Dispositionen ab. Bei einer mangelhaft ausgebildeten Impulskontrolle, zum Beispiel, kann auch ein schwacher Handlungsimpuls zu dramatischen, unangemessenen Reaktionen führen, weil er nicht unterdrückt werden kann. Auch der Mangel an Antizipation, also die Vorstellung, welche Folgen ein Verhalten haben kann, führt zu einer Schwächung der Handlungskontrolle und damit zu unangemessenem, störendem Verhalten in enttäuschenden Situationen (s. Abb. 5/6). Schließlich tragen auch die Abwehrmechanismen zur Vielfältigkeit der Enttäuschungsreaktionen bei. So kann man sehen, daß bestimmte Personen nach Enttäuschungen (z. B. Ausbleiben des Besuches der Eltern) oder aber auch in Erwartung erfreulicher Ereignisse (z. B. Geburtstag, Weihnachten) sich völlig in sich zurückziehen; es kann dann sein, daß sie anfangen, Daumen zu lutschen oder stereotyp zu schaukeln. Andere beginnen in solchen Situationen ihre Wertsachen zu zerstören, wieder andere nerven die Umgebung durch läppisches Verhalten. Auf der Basis eines psychodynamischen Konzeptes wird man in dem zuerst genannten Verhalten ein regressives inneres Weggleiten sehen, das dem Betroffenen hilft, dem – vielleicht fälschlicherweise antizipierten – Enttäuschungsschmerz zu entgehen. Das andere Verhalten würde man als einen Versuch interpretieren, über Selbstbestrafung das durch aggressive Phantasien gefährdete Verhältnis etwa zu den Elternrepräsentanzen wieder zu normalisieren. Im letzten Fall wird, so würde man annehmen, der schmerzhafte Affekt durch eine heiter-lustige Stimmung überdeckt (Affektumkehr), um die Situation erträglich zu machen. Man findet aber nicht nur depressive Verarbeitungsweisen, auf die die drei geschilderten Verhaltensweisen hinweisen. Es gibt Persönlichkeiten, die auf Enttäuschung prinzipiell nur mit Aggression reagieren können. In der Regel findet man bei diesen Persönlichkeiten eine Tendenz zum Omnipotenzerleben und eine relative Bindungslosigkeit. Sie kennen offensichtlich aufgrund einer Wirklichkeitsverleugnung das Gefühl der Hilflosigkeit nicht, das eine wichtige Voraussetzung für die Entwicklung einer depressiven Verarbeitung ist. Außerdem verfügen sie offensichtlich nicht über innere Abbildungen von positiv besetzten Beziehungen, die sie vor ihren aggressiven Phantasien oder Impulsen schützen müßten, was eine zweite Voraussetzung für den depressiven Verbreitungsmodus ist.

Schließlich kann das Enttäuschungserleben zu einem integrierten Bestandteil der Persönlichkeit geworden sein. Man kann dann von einer pathologischen Identität sprechen. Das bedeutet, daß Enttäuschungserlebnisse im Dienste des Identitätserlebens immer und immer wieder reinszeniert werden. Solche Inszenierungen sind nicht selten. Es ist zum Beispiel eine Reinszenierung von Enttäuschungserlebnissen, wenn Frau E. wütend gegen die Tür des Arztes hämmert und schließlich, als dies alles erfolglos bleibt, depressiv gestimmt nach Hause geht, um sich ins Bett zurückzuziehen. Sie ist enttäuscht, daß ihr Arzt ihr nicht öffnet. Dabei hätte sie durchaus die Fähigkeit zu erkennen, daß sie sich in der Zeit geirrt hat, die Sprechstunde erst in einer Stunde anfängt und der Arzt gar nicht anwesend war. Es ist ebenfalls eine Reinszenierung, wenn Herr S. nicht vom WC herunterkommt, ein von ihm herbeigesehnter Ausflug in die Stadt aus Zeitgründen schließlich gestrichen werden muß und er daraufhin mit einem aggressiven Erregungszustand reagiert.

Chronifiziertes Trennungserlebnis – ein Beispiel

Die Symptomatik

Die verschiedenen dargestellten Variationen der Enttäuschungsreaktion sind Grundlage für viele Verhaltensauffälligkeiten, wie wir sie bei Menschen mit geistiger Behinderung sehen können. Obwohl diese gelegentlich sehr dramatisch ablaufen, haben sie jedoch in der Regel keinen Krankheitswert. Die Grenze zu schwerwiegenden Verhaltensauffälligkeiten ist jedoch fließend, wie das folgende Beispiel zeigt.

Das Beispiel bezieht sich auf einen jungen Mann, der verschiedene Auffälligkeiten zeigt, unter denen er und die Menschen, die mit ihm zusammenleben, sehr zu leiden haben. Die Auffälligkeiten lassen sich als Enttäuschungsreaktion auffassen, wobei die Modifikationen auf Erinnerungen an wiederholte traumatische Trennungserlebnisse, auf eine strukturelle Selbstwertschwäche und auf eine depressive Verarbeitungsweise zurückgeführt werden können. Diese Auffälligkeiten manifestieren sich in drei Mustern:

- Verhaltensmuster 1: In seinem „normalen" Zustand zeigt er ein Verhalten, was von den Mitarbeitern und Mitarbeiterinnen als „lieb" bezeichnet wird. Wegen seiner Unterwürfigkeit und seiner nörgeligen, kindlichen Stimme schafft er allerdings immer eine gewisse Distanz. Er wirkt dabei etwas unangenehm klebrig. Außerdem fällt eine gewisse Zwanghaftigkeit auf.
- Verhaltensmuster 2: Zu bestimmten Zeiten hat er die Tendenz, sich die Kleider vom Leib zu reißen, sein Zimmer zu zerstören und sich nackt auf den Fußboden zu legen. Außerdem zerstört er dann ihm wichtige Gegenstände bzw. spült sie in der Toilette herunter. In der Regel sind es Geschenke der Eltern. Manchmal kommt es zu aggressiven Übergriffen gegen die Mitarbeiter und Mitarbeiterinnen.
- Verhaltensmuster 3: Er zieht sich in sein Zimmer zurück und wirkt schlecht gelaunt bzw. depressiv. Oft beschmiert er seinen Körper mit Kot. Es kann auch beobachtet werden, daß er am Daumen lutscht, was er normaler Weise nicht macht. In diesem Zustand ist er unerreichbar für die Mitarbeiter und Mitarbeiterinnen.

Bedingungen für die Auslösung des Krisenverhaltens – Vorgeschichte

Es ist nicht immer möglich, herauszufinden, was die verschiedenen Verhaltensweisen auslöst. Wir haben jedoch den Eindruck, daß Herr H. sich ständig mit seinen Eltern beschäftigt. Nahezu regelmäßig tritt das Verhaltensmuster 2 auf, wenn seine Eltern ihren nächsten Besuch angekündigt haben. Verhaltensmuster 3 beginnt während des Besuches der Eltern und steigert sich nach deren Abfahrt, um oft mehrere Wochen anzuhalten. Ähnliche Verhaltensweisen traten jedoch auch unabhängig von den Elternbesuchen auf. Oft konnte man unbedeutend erscheinende Enttäuschungen als Auslöser annehmen, oft konnte man jedoch keinen Anlaß erkennen.

In seiner Lebensgeschichte finden sich viele Hinweise auf Trennungserlebnisse. Die meisten dieser Trennungen waren in Zusammenhang mit medizinischer Behandlung notwendig. Er mußte sich als Kleinkind mehreren Darmoperationen unterziehen. Später mußte er mehrfach von seinen Eltern getrennt werden, weil diese sich ebenfalls medizinischen Behandlungen unterziehen mußten. Seine überfürsorglichen und kontrollierenden Eltern hingen sehr an ihm und waren erst bereit, ihn in ein Heim zu geben, als die Betreuung zu Hause aus gesundheitlichen Gründen für sie nicht mehr möglich war. Zu diesem Zeitpunkt war Herr H. 27 Jahre alt. In dem ersten Heim zeigte Herr H. schwere Verhaltensstörungen. Nachdem er sein Zimmer in Brand gesteckt hatte, mußte er das Heim verlassen. Die Eltern sorgten dann dafür, daß er in unsere Einrichtung aufgenommen wurde. In den ersten sechs Monaten lernten wir Herrn H. als schwer depressiven jungen Mann kennen. Erst nach dieser Zeit zeigten sich die oben geschilderten Verhaltensmuster.

Abgesehen von den Krisen, die durch den Besuch der Eltern ausgelöst wurden, konnte man nicht immer eine auslösende Situation erkennen. Sein Verhalten war oft mehr von seinem inneren Erleben als durch äußere Ereignisse gesteuert. In Hinblick auf die Bedeutung, die die Eltern für Herrn H. hatten, und die Krisen, die ihre Besuche auslösten, lag es nahe anzunehmen, daß Herr H. mit seinen Verhaltensstörungen immer und immer wieder seine in der Kindheit erlebten traumatischen Trennungssituationen wiederholte. Die häufigen, frühen Trennungserlebnisse haben offensichtlich zu einer tiefgehenden, bleibenden Verunsicherung geführt und die Entwicklung eines stabilen Selbstwertes verhindert. Es fehlt ihm ein Schutzwall, der ihm in Krisensituationen einen entsprechenden Schutz geben könnte. Das erklärt seine Empfindlichkeit gegenüber realen oder auch nur antizipierten Enttäuschungen.

Schematische Darstellung der Krise und ihre Interpretation

Die Entwicklung einer Krise, wie sie aus der Sicht der psychoanalytisch-interaktionellen Methode interpretiert werden könnte, soll an einem Schemata verdeutlicht werden (Abb. 7.1–7.6).

- Herr N (1). zeigt in seinem Alltagsverhalten keine dramatischen Auffälligkeiten. Er befindet sich in einem inneren Gleichgewicht. Die gepunktete Kreisfläche (2) soll

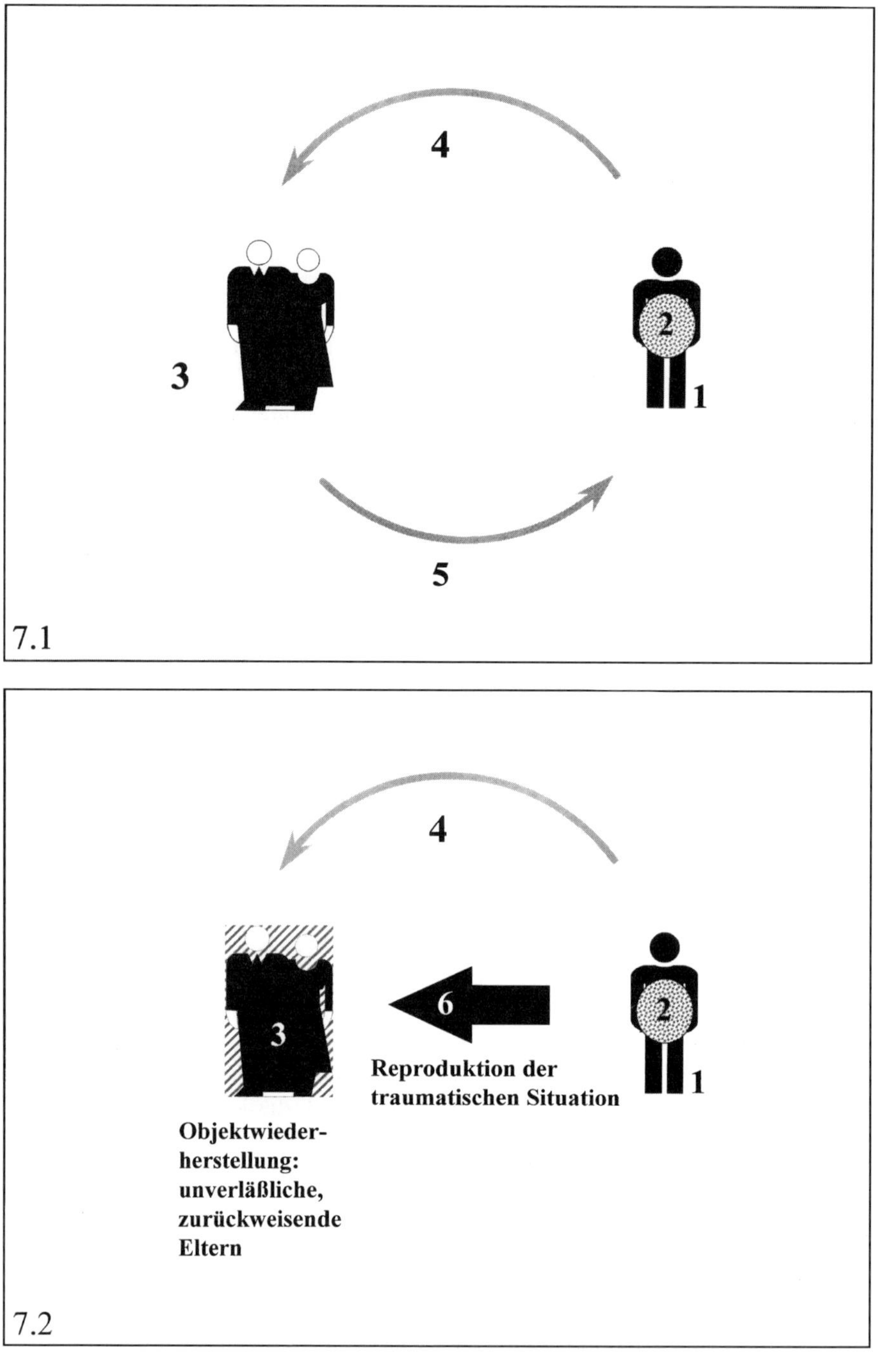

Abb. 7.1–7.2: Schematische Darstellung der Entwicklung einer depressiven Krise; 1: Patient, 2: Selbstwertgefühl, narzißtische Reserven, 3: Betreuergruppe, 4 und 5: nicht krisenhaft veränderte Interaktionen, 6: aggressiv getönte Projektion; Erläuterung im Text.

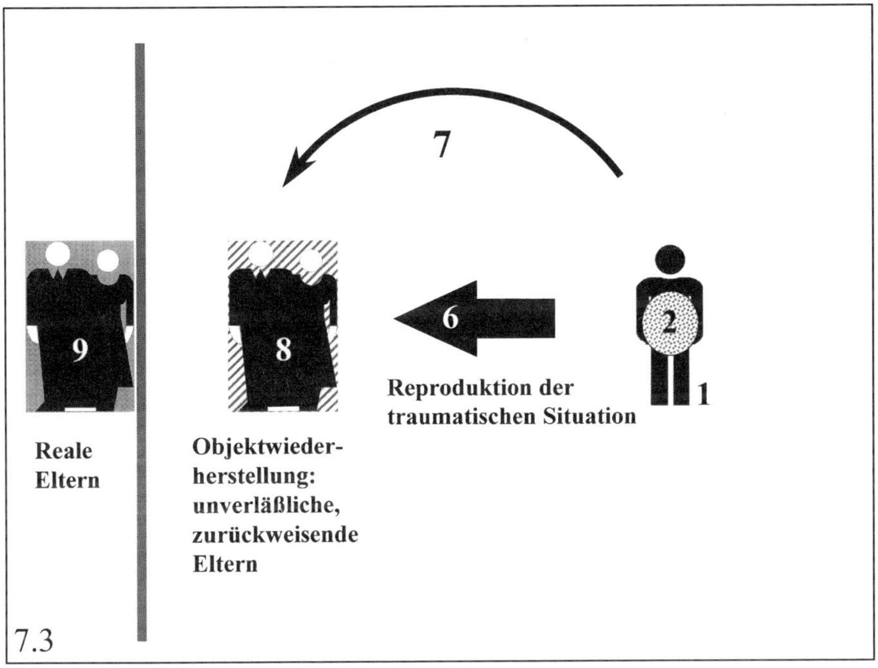

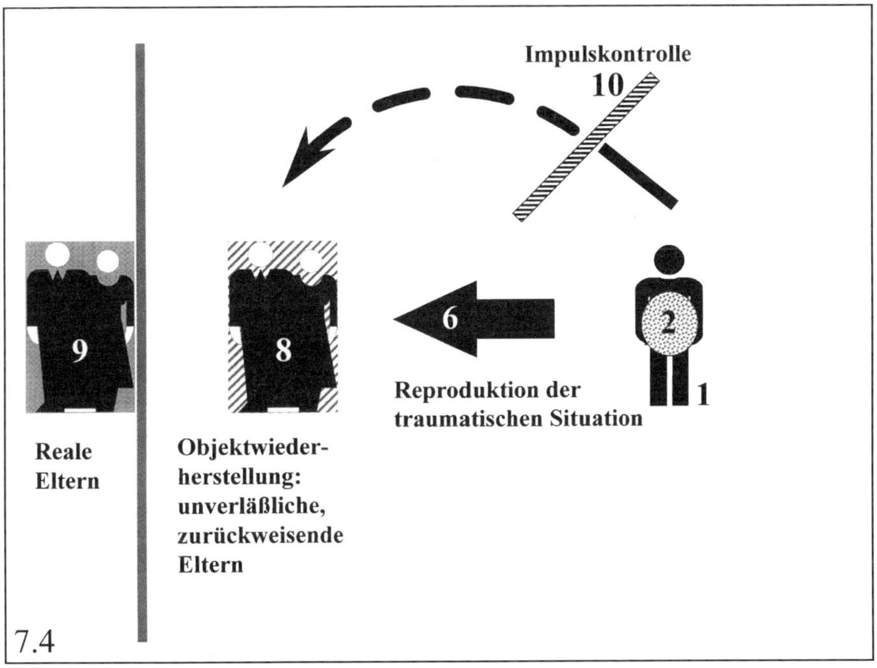

Abb. 7.3–7.4: Schematische Darstellung der Entwicklung einer depressiven Krise; 1: Patient, 2: Selbstwertgefühl, narzißtische Reserven, 6: aggressiv getönte Projektion, 7: aggressive Handlungen gegen Betreuergruppe, 8: aggressiv besetzte Betreuergruppe (Objektwiederherstellung), 9: reale Eltern, 10: Impulskontrolle; Erläuterung im Text.

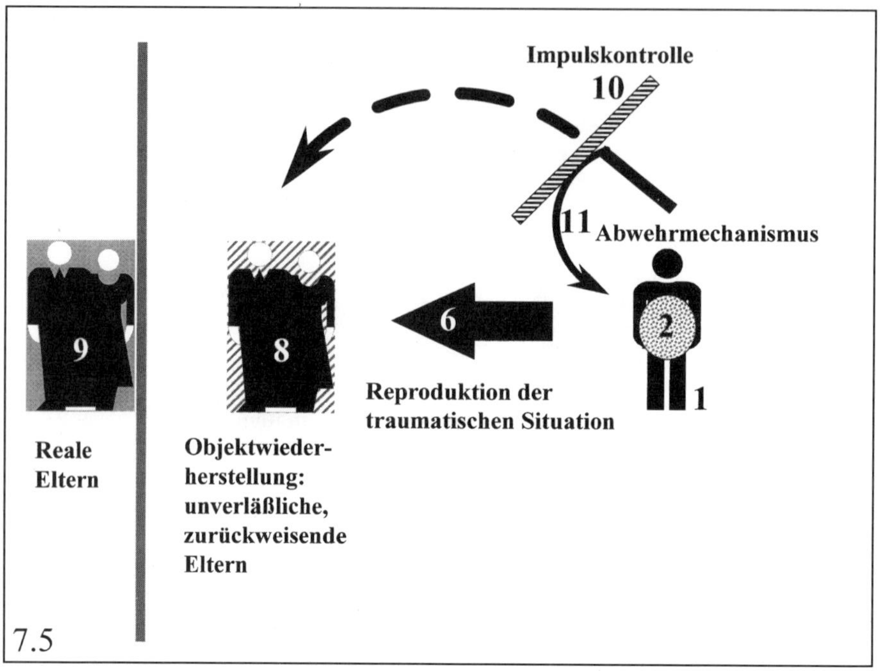

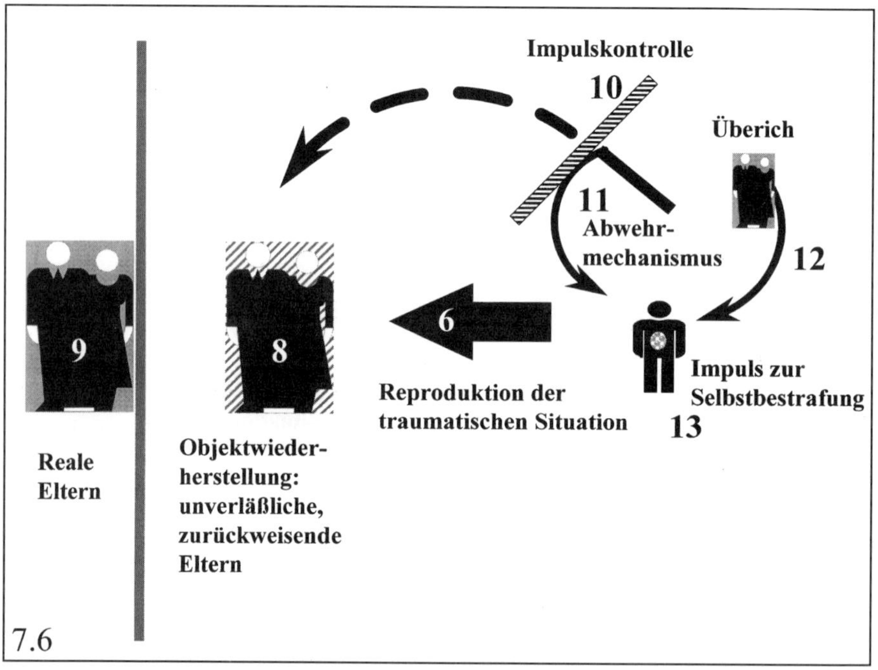

Abb. 7.5–7.6: Schematische Darstellung der Entwicklung einer depressiven Krise; 1: Patient, 2: Selbstwertgefühl, narzißtische Reserven, 6: aggressiv getönte Projektion, 8: aggressiv besetzte Betreuergruppe (Objektwiederherstellung), 9: reale Eltern, 10: Impulskontrolle, 11: Wendung gegen das Selbst, 12: Selbstbestrafung, 13: zusammengebrochenes Selbst; Erläuterung im Text.

seine strukturelle Schwäche andeuten. Die Kreisfläche symbolisiert einen wenig stabilen, anfälligen Selbstwert oder unzureichende narzißtische Reserven (Abb. 7.1).

- Die Krise beginnt mit der Ankündigung eines Besuches der Eltern. Diese löst eine traumatische Erinnerung aus, in der gleichzeitig eine erneute Trennung von den Eltern antizipiert wird. Beides provoziert aggressive Phantasien und Impulse. Im Rahmen einer Übertragungsreaktion (Pfeil 6) werden die Mitarbeiter und Mitarbeiterinnen (3) aggressiv besetzt (Abb. 7.2) .
- Durch die Übertragung erhalten die Mitarbeiter und Mitarbeiterinnen die von Herrn H. seinen Eltern zugeschriebenen Eigenschaften. Er erlebt sie als enttäuschend und abweisend. Das heißt, sie nehmen die Position der Eltern ein (8). Die realen Eltern (9) treten völlig in den Hintergrund. Herr H. wird gelegentlich aggressiv (Pfeil 7), er schmiert mit Kot und verhält sich manchmal albern (Abb. 7.3).
- Herr H. kann aufgrund seiner depressiven Persönlichkeitsstruktur die aggressiven Aktionen nicht durchhalten. Er unterdrückt über seine Impulskontrolle seine aggressiven Handlungen (10, Abb. 7.4).
- Das Unterdrücken der Handlungen reicht nicht aus, um das gestörte innere Verhältnis zu seinen Elternbildern wieder zu normalisieren. Die Szenerie wird von außen nach innen verlagert. Um die Elterninstanzen zu beschwichtigen, wird die aggressive Energie gegen das Selbst gerichtet (11). Er entlastet damit das Verhältnis zu seinen verinnerlichten Elternbildern. Der reale Besuch der Eltern verläuft ohne aufregende Ereignisse. Herr H. ist verschlossen und wirkt in seinem Verhalten automatenhaft. Die Eltern können keinen Kontakt zu ihm aufnehmen. Ihre Geschenke zerstört er in unbeobachteten Momenten (Abb. 7.5).
- Sind die Eltern wieder abgefahren, verschlimmert sich seine Situation. Der innere Abwehrkampf zum Schutz der „guten Eltern“ intensiviert sich, weil die aggressiven Impulse gegen die verinnerlichten, abweisend und enttäuschend erlebten Eltern sich infolge der realen Trennung verstärkten. Unter dem Einfluß des unerbittlichen Über-Ichs mit seinen Selbstbestrafungsimpulsen (12) kommt es zu massiver Selbstentwertung (13). Dies wird in dem Schema durch eine Schrumpfung des Selbstwertes bzw. der ganzen Figur dargestellt. Im Verhalten fällt auf, daß Herr H. noch gekrümmter als sonst geht. Er vermeidet Blickkontakt und gibt sich in einer gesteigerten Form unterwürfig. Meist liegt er jedoch völlig nackt in seinem Zimmer, in dem er alle Einrichtungsgegenstände zerstört hat. Machmal kann man beobachten, daß er am Daumen lutscht. Dieser Zustand kann Wochen anhalten (Abb. 7.6).

Interpretationen – Wege zum Verständnis

Für viele, die mit der psychoanalytischen Denkweise nicht vertraut sind, wirken diese Interpretationen möglicherweise etwas mystisch. In der Regel wird dann die Frage gestellt, warum man sich so sicher sei, daß die Interpretation richtig ist. Diese Frage ist berechtigt. Als psychoanalytisch orientierter Therapeut weiß man, daß derartige Interpretationen niemals abzusichern sind. Die Unsicherheit in Bezug auf die Richtigkeit seiner Interpretation bewirkt eine offene, fragende Einstellung. Bei Komplexität menschlichen Verhaltens ist es auch wahrscheinlich, daß es mehrere Interpretationen geben wird, die – mit jeweils anderen Schwerpunkten – mit der Theorie übereinstimmen würden. Allen Interpretationen würde in gleicherweise der Makel anhaften, daß sie nicht evident und auch nicht überprüfbar sind. Das liegt daran, daß die Begriffe und die Funktionen und Strukturen, die sie bezeichnen, Konstrukte sind, die sich der Überprüfbarkeit entziehen. Warum kann man trotzdem damit arbeiten?

Die Interpretationen sind Organisatoren des therapeutischen Prozesses. Sie weisen den Weg zum inneren Erleben und bringen uns Verhaltensweisen nahe, die uns sonst fremd geblieben wären. Die theoriegeleitete Empathie gestattet uns, uns gleichsam an die inneren Vorgänge anzukoppeln. Der Therapeut oder die Therapeutin, aber auch die Mitarbeiter und Mitarbeiterinnen, die er oder sie auf dieser Basis berät, gewinnen ein ahnungsvolles Verständnis von der inneren Dramatik und den inneren Kämpfen mit ihren Triumphen und Niederlagen, von den Ängsten und Sehnsüchten, von den Hoffnungen und der quälenden Verzweiflung. Wir können dies erahnen, weil wir gleichsam als Resonanzkörper wirken. Uns ist die innere Welt des Klienten, eben weil sie eine „menschliche" Welt ist, im Prinzip nicht fremd. Wer könnte von sich wirklich behaupten, daß ihm das (interpretierte) Erleben von Herrn H. in seinen Grundformen nicht vertraut vorkommt. Die psychodynamische Praxis fördert im therapeutischen Dialog die Entstehung oder die Verfestigung eines Bildes vom Klienten, das Gemeinsames unterstreicht und Trennendes minimiert. Dieses „Wie-Ich-Bild" hat eine starke Schutzfunktion, das ihn zumindest vor unwürdigen Behandlungen bewahrt. Wenn Therapie das Wohlergehen des Klienten anstrebt und sich nicht nur auf Unterdrükkung störender Verhaltensweisen beschränkt, dann ist damit schon ein wichtiges Ziel erreicht. Diese Sichtweise hat aber auch unmittelbar therapeutische Wirksamkeit, wie ich an der Funktion des diagnostischen Gespräches zeigen möchte.

Das diagnostische Gespräch als therapeutisches Mittel

„Harte Fakten" reichen nicht aus

Der psychodynamisch orientierte Therapeut ist, wie gesagt, mit einer Realität konfrontiert, die sich durch Beobachten allein nicht erschließen läßt. Aber seine Methode gibt ihm eine besondere Chance der Wahrnehmung und des Erkennens. Um seine Erkenntnisse zu vertiefen, kann er über Gespräche mit Angehörigen und Mitarbeitern nicht nur differenzierte, objektive Informationen erhalten. Er kann diese Gesprächsrunden auch gleichsam als affektiven Resonanzkörper nutzen und so Eindrücke von den Übertragungs- und Gegenübertragungsprozessen gewinnen. Diese Gesprächsrunden, an denen möglichst alle beteiligt werden sollten, die mit dem Klienten zu tun haben, haben im diagnostischen Prozeß, aber auch für den Verlauf der Therapie, eine entscheidende Bedeutung.

Das Bild, das sich zu Beginn des diagnostischen Gespräches über den Klienten abzeichnet, ist gewöhnlich eher blaß und ohne Konturen. Das liegt möglicherweise daran, daß man in der Regel mit „harten Fakten“ und objektiven Befunden beginnt, also etwa mit Testergebnissen oder medizinischen Berichten. Darauf aber soll der Fokus nicht fixiert bleiben. Er soll vielmehr kreisen. Das Gesprächsmilieu soll zu Einfällen und Assoziationen ermuntern. Dies zu bahnen, ist Ziel der Gesprächsleitung. Auf keinen Fall soll das Gespräch sich ausschließlich auf das störende Verhalten zentrieren.

Ein mit der modernen psychoanalytischen Entwicklungstheorie vertrauter Therapeut wird dann die Chance nutzen, neben der Vertiefung sachlicher Informationen auch affektgeladene Phantasien zu mobilisieren. Die Dramen der Lebensgeschichte können dann mit der Krise in der aktuellen Situation in eine nacherlebbare Beziehung gebracht werden. Die Lebensgeschichte wird die Leistungen aufzeigen, die von den Betroffenen vollbracht werden mußten, um sich unter widrigen Bedingungen entwikkeln zu können. Die Bedeutung der Symptome im psychischen Überlebenskampf wird nachvollziehbar. Die Überempfindlichkeiten gegenüber Mikroauslösern können verständlich und die Hilflosigkeit einfühlbar gemacht werden. Schließlich können bei den Teammitgliedern zumindest ahnungsvolle Vorstellungen über die eigene Verstrikkung in die Symptomatik angebahnt werden.

Es ist wichtig, daß in der Gesprächsrunde gewagt wird, über Gefühle und Phantasien zu sprechen. Widersprüchliches wird zu Tage kommen. Der eine hat Angst, der andere empfindet Ekel. Die eine fühlt sich ausgenutzt und will sich verweigern, die andere fühlt sich in ihrer Mütterlichkeit bestätigt. Der eine kämpft mit aggressiven Regungen, der andere empfindet Mitleid. Und immer deutlicher wird die ahnungsvolle Wahrnehmung, daß diese Gefühle nicht nur durch das provozierende Verhalten des Klienten, sondern auch durch die eigene Persönlichkeit geprägt sind. Neben dem aus Fakten und mehr oder weniger objektiven Informationen sich zusammenfügenden Puzzle entsteht ein höchst subjektives Bild, das sich aus den kollektiven zusammengetragenen und bearbeiteten Phantasien der Gruppe zusammensetzt. Wozu soll es nützen?

Entwicklung durch Subjektivierung

Dieses Phantasiebild macht neugierig, weil es die eigenen Phantasien, aber auch die konkretisierten Einstellungen der Kollegen und Kolleginnen zeigt. Es ist ein gemeinsames Produkt, das Gefühle widerspiegelt und bindet. Es ist ein Bild, das sich die Produzenten, wenn sie es wollen, zu eigen machen können. Es regt zu komplexeren Interpretationen oder Deutungen an, die vorher wegen des partikulären Blickwinkels nicht oder nur in einer sehr verzerrten Form möglich gewesen wären. Immer wieder wird man in dem Gespräch zu den anderen Aspekten des diagnostischen Prozesses zurückkehren. Es muß mit den anderen Erfahrungen und den objektiven Fakten zu einem Gesamtbild zusammengefügt werden. Am Ende des Gespräches ergibt sich ein neues Bild. Es ist nicht mehr grau und konturlos, aber auch nicht nur phantasievoll und bunt. Es trägt zwar realistische Züge, ist aber nicht objektiv.

Objektivität ist in diesem Konzept nicht erreichbar, aber auch nicht angestrebt. Es soll kein photographisches Abbild entstehen, sondern eher ein künstlerisches Portrait. Es ist ein kollektives Werk und trägt zwangsläufig subjektive Züge. Es vermittelt zwar auch Kenntnisse über die Person, die es darstellt. Wichtiger ist, daß es wegen der subjektiven, d.h. affektiv, mobilisierenden Eigenschaften, geeignet ist, ein Organisator des therapeutischen Prozesses zu werden. Es ist ein emotionalisiertes Bild. Weil es ein emotionalisiertes Bild ist, kann es auch diejenigen, die es in sich tragen, motivieren. Es ist ein Abbild mit einer gemeinsam getragenen Perspektive, die sagt: „So kann die Zukunft sein." Es ändert Einstellungen und orientiert die Interaktionen. Es entsteht ein entwicklungsfreundliches Milieu. Sogenannte „harte Fakten" haben diese Eigenschaft nicht. Sie „bewegen" nichts. Sie schaffen oft nur Distanz und erschweren ein Sicheinlassen auf eine dialoghafte Interaktion.

Hier zeigt sich ein herausfordernder Unterschied der psychodynamischen, interaktionellen Denkweise zu vielen modernen Konzeptionen. Diese versuchen, die Eigenschaften eines Klienten zu objektivieren. Mit möglichst vielen objektiven Details will man maßgeschneiderte Therapieprozesse steuern. In dem hier geschilderten psychodynamischen Ansatz geht es dagegen darum, die Interaktion mit dem Klienten zu subjektivieren. Die hier wirksamen Bilder sind keine Summe objektiver Detailinformationen, aus denen sich Bausteine für Therapieprozesse ableiten lassen. Es sind vielmehr globale, subjektive Steuerungsschemata, in die sich die einzelnen therapeutischen Interaktionen einpassen. Der Therapeut empfindet sich nicht als „Macher" einzelner Therapieschritte, sondern eher als mitfühlender Katalysator in einem komplexen Interaktionsprozeß, den man direkt nicht steuern kann. Diese Steuerungsschemata sind vielleicht vergleichbar mit den Visionen einer Mutter über die Zukunft ihres Kindes. In ihrer Urform begegnen wir diesem Phänomen in dem Prozeß der Affektspiegelung. Dornes sieht unter Berufung auf Gergely in der Affektspiegelung eine subtile Form der Beeinflussung. Danach „schafft sich jede Mutter ihr Kind, und das Kind lernt sich nicht nur kennen, wie es ist, sondern vor allem, wie es von seiner Mutter gesehen wird. Mit der Zeit sieht es sich dann mit den Augen der Mutter, ohne zu wissen, daß es ihre Augen sind, mit denen es sich schließlich betrachtet" (Dornes 2000). Wie der Therapeut, so kann auch die Mutter damit die Entwicklung nicht im Sinne von Determination festlegen. Sie kann damit aber einen beständig wirkenden Einfluß ausüben, der oft genug entscheidend werden kann. Man wird nicht im Detail nachvollziehen können, wie sich die Delegation der oft unbewußten Visionen auf das Kind vollzieht. Das gilt auch für die Wirksamkeit der im diagnostischen Gespräch angestrebten orientierenden Schemata. Es kommt allerdings nicht selten vor, daß mit einem solchen Gespräch keine weiteren Maßnahmen mehr nötig sind, weil das störende Verhalten sich zum Positiven verändert hat oder aber nicht mehr als störend erlebt wird.

Psychodynamische Denkweise – ein Beitrag zur Humanisierung der Lebensbedingungen für Menschen mit geistiger Behinderung

Das Erstgespräch hat vorrangig das Ziel, dem Therapeuten einen Einblick über die Persönlichkeit des Klienten zu verschaffen. Er versucht zu erkennen, nach welchen persönlichen Schwerpunkten der Klient sein Leben im sozialen Umfeld organisiert, welche Bedürfnisse sich dahinter verbergen und welche Stärken und Schwächen dabei deutlich werden. Er wird fragen, ob die Schwierigkeiten bei der Lebensgestaltung mit der Annahme unreifer psychischer Strukturen und Funktionen zu erklären sind oder ob eine neurotische Störung angenommen werden muß. Er versucht zu klären, welchen Anteil gelernte Strategien an den Auffälligkeiten haben und ob organische Faktoren eine Rolle spielen. Er wird dabei nie aus dem Blick verlieren, daß das störende Verhalten auch Ausdruck ungünstiger Lebensbedingungen sein kann und daß die Auffälligkeiten vom sozialen Umfeld provoziert sein können.

Die therapeutischen Strategien werden sich nach den Antworten richten, die der Therapeut auf diese Fragen erhält. Es kann sein, daß es sich bei den Auffälligkeiten um gelernte Durchsetzungsstrategien handelt. Dann wird man mit der Mitarbeitergruppe entsprechende Gegenstrategien entwickeln. Es kann sein, daß das Verhalten als Protest gegen eine unangemessene, entwicklungsfeindliche Betreuungssituation aufzufassen ist und daß Unter- oder Überforderung eine wichtige Rolle spielen. Dann wird man, gestützt auf das Wissen um die speziellen Schwächen und Stärken des Klienten, den Schwerpunkt auf Veränderung der sozialen Situation legen. Man wird etwa eine Änderung der Wohnsituation oder des Arbeitsplatzes prüfen. Es kann sein, daß die störenden Auffälligkeiten als Manifestation einer Krise zu interpretieren sind, die einen wichtigen Entwicklungsschritt ankündigen. Das wäre zum Beispiel der Fall, wenn aggressives Verhalten im Dienste der Autonomieentwicklung und der damit verbundenen Loslösung von Bezugspersonen steht. Es kann sein, daß eine geringfügige Schwäche der Ichfunktionen vorliegt, etwa in Form von mangelnder Reizabschirmung oder mangelhafter Impulskontrolle, dann kann die Gabe von Neuroleptika hilfreich sein. Aber auch bei einer medikamentösen Therapie wird man auf eine engmaschige Beratung der Mitarbeiter nicht verzichten können, um unnötige Mißerfolge zu vermeiden (Sand 1986, 1994; Gaedt 1995). Es kann sein, daß so schwerwiegende Entwicklungsstörungen vorliegen, daß zur Ermöglichung neuer Entwicklungsimpulse eine Einzeltherapie notwendig ist, die sich oft über Jahre hinzieht (Gärtner-Peterhoff et al. 1987; Gaedt 1994). Eine gleichzeitige Beratung der Mitarbeitergruppe ist dabei unverzichtbar, um mögliche negative Auswirkungen der Therapie (z. B. über Spaltungsprozesse) zu vermindern und den Transfer von der Einzeltherapie in die Gruppensituation abzusichern.

Gerade im Umgang mit schwersten Störungen sind kontinuierliche Beratungen wichtig. Die oft mit schwersten Formen von Aggression und Autoaggression verbundenen Störungen lösen bei den Mitarbeitern und Mitarbeiterinnen in der Regel stärkste affektive Reaktionen aus. Wut, Haß, Ekel und Abscheu, oft gepaart mit Kränkungsgefühlen und Resignation, sind zu erwarten. Oft werden sie in Interaktionen verstrickt und dann zu Handlungen hingerissen, die ihnen selbst fremd sind. Die starken negativen Gefühlsreaktionen sind in der Regel unvereinbar mit den eigenen Normen und müssen daher verdrängt werden. Es besteht dann die Gefahr, daß sich „negative chronische Gegenübertragungsreaktionen" (Kernberg) herausbilden. Diese zeigen sich etwa in überzogenen pädagogischen Forderungen, in pädagogisch verbrämten entwürdigenden Strafen oder in der Forderung nach einer zu hoch dosierten sedierenden Medikation. Diese unbewußten Gegenreaktionen sind oft nicht mehr zu steuern und führen zu sich aufschaukelnden unmenschlichen Interventionen bzw. zur Ausstoßung und Isolierung der Betroffenen.

Auch bei schwersten, therapeutisch kaum beeinflußbaren Störungen bietet die auf der psychoanalytisch-interaktionellen Methode beruhende Beratung die Chance, das Abgleiten in die Inhumanität zu verhindern. Durch die Fokussierung auf die oft unüberwindlichen Schwierigkeiten der frühkindlichen Entwicklung, auf die Wechselfälle der Lebensgeschichte und auf die Dramatik des inneren Erlebens wird eine interessierte, respektvolle Betroffenheit bei allen erreicht, die mit schwer gestörten Menschen umgehen müssen. Mit der Begrifflichkeit dieser Methode wird nicht nur das gestörte Verhalten auf dem Hintergrund einer Entwicklung unter schwierigsten Bedingungen verständlich gemacht. Sie verschafft auch Einblick in die eigene Verstrikkung in die herausfordernden Interaktionen. Mit diesem Verständnis wird es möglich, die Betroffenen als Mitmenschen mit besonderen Schwierigkeiten wahrzunehmen. Unter dem Schutz der Beratung wächst der Mut auf seiten der Betroffenen, sich erneut in eine Beziehung einzulassen. Damit wird die Tür zu neuen Entwicklungen aufgestoßen. Auf diese Weise leistet die psychoanalytisch-interaktionelle Methode einen wichtigen Beitrag zur Absicherung humaner Lebensbedingungen gerade auch für schwerst gestörte Menschen mit geistiger Behinderung.

Literatur

Arbeitskreis OPD (Hrsg). Operationalisierte Psychodynamische Diagnostik. Grundlagen und Manual. 2. korr. Auflage. Bern-Göttingen-Toronto-Seattle: Hans Huber 1998.

Balthazar EE, Stevens HA. The emotionally disturbed mentally retarded: A historical and contemporary perspective. Englewood Cliffs/N.J.: Prentice Hall 1975.

Berman S. The psychodynamic aspects of behavior. In: Basic Handbook of Child Psychiatry. Vol. II. Noshpitz JD. Ed. New York: Basic Books 1979.

Bicknell J. The psychopathology of handicap. Br J Med Psychol 1983; 56: 167–78.

Blanck G, Blanck R. Ich-Psychologie. II. Psychoanalytische Entwicklungspsychologie. Stuttgart: Klett-Cotta 1980.

Blanck G, Blanck R. Angewandte Ich-Psychologie. 2. Aufl. Stuttgart: Klett-Cotta 1981.

Blatt SJ. Anaclitic and introjective depression. Psychoanalytic Study Child 35, 1974; 107–57.

Bradl C. Das Bild Geistigbehinderter in der Geschichte der Psychiatrie. In: Geistigbehinderte zwischen Pädagogik und Psychiatrie. Dreher W, Hoffmann T, Bradl C (Hrsg). Bonn: Psychiatrie-Verlag 1987; 125–53.

Chetic M. The Borderline Child. In: Basic Handbook of Child Psychiatry. Vol. II. Noshpitz JD (Ed). New York: Basic Books 1979.

Dilling H, Mombour M, Schmidt MH (Hrsg). Internationale Klassifikation psychischer Störungen. Klinisch-diagnostische Leitlinien/Weltgesundheitsorganisation. 3. Aufl. Bern: Huber 1993.
Dornes M. Der kompetente Säugling. Die präverbale Entwicklung des Menschen. Frankfurt/M: Fischer 1993.
Dornes M. Die frühe Kindheit. Entwicklungspsychologie der ersten Lebensjahre. Frankfurt/M: Fischer 1997.
Dornes M. Die emotionale Welt des Kindes. Frankfurt/M: Fischer 2000 (voraussichtlich August 2000).
Došen A. Developmental-Dynamic Relationship Therapy. In: Treatment of Mental Illness and Behavioral Disorder in the Mentally Retarded. Proceedings of the International Congress, May 3rd–4th, 1990. Došen A, Van Gennep A, Zwanikken GJ (Eds). Amsterdam: Logon Publications 1990.
Emde RN. Die endliche und die unendliche Entwicklung. Teil I. Psyche 1991; 9: 745–89.
Erikson EH. The problem of identity. J Am Psychoanal Assoc 1956; 4: 56–121.
Gaedt C (Ed). Psychotherapie bei geistig Behinderten. Beiträge der psychoanalytischen Entwicklungstheorie. Vorträge anläßlich des 2. Neuerkeröder Forums am 4. September 1987. Neuerkerode: 1987 (zu beziehen über Krankenhaussekretariat der Ev. Stiftung Neuerkerode, 38173 Neuerkerode).
Gaedt C (Ed). Selbstentwertung – depressive Inszenierungen bei Menschen mit geistiger Behinderung. Vorträge anläßlich des 4. Neuerkeröder Forums am 8./9. Juni 1990. Neuerkerode: 1990 (zu beziehen über Krankenhaussekretariat der Ev. Stiftung Neuerkerode, 38173 Neuerkerode).
Gaedt C, Gärtner D. Depressive Grundprozesse – Reinszenierung der Selbstentwertung. In: Selbstentwertung – depressive Inszenierungen bei Menschen mit geistiger Behinderung. Vorträge anläßlich des 4. Neuerkeröder Forums am 8./9. Juni 1990. Gaedt C (Hrsg). Neuerkerode: 1990 (zu beziehen über Krankenhaussekretariat der Ev. Stiftung Neuerkerode, 38173 Neuerkerode).
Gaedt C. Die Reinszenierung der Selbstentwertung. Depressive Störungen bei Menschen mit geistiger Behinderung. Praxis für Psychotherapie u. Psychosomatik 1991; 36: 249–56.
Gaedt C. Psychoanalytisch interaktionelle Psychotherapie bei psychisch kranken Menschen mit geistiger Behinderung. In: Arbeitshefte Kinderpsychoanalyse 1994; Heft 18 (herausgegeben am wissenschaftlichen Zentrum II, Gesamthochschule Kassel).
Gaedt C. Psychopharmakotherapie bei Menschen mit geistiger Behinderung. Neuerkeröder Beiträge 1995; Heft 10 (zu beziehen über Krankenhaussekretariat der Ev. Stiftung Neuerkerode, 38173 Neuerkerode).
Gärtner-Peterhoff D, Rattay E, Sand A. Prinzipien des therapeutischen Vorgehens. In: Psychotherapie bei geistig Behinderten. Beiträge der psychoanalytischen Entwicklungstheorie. Vorträge anläßlich des 2. Neuerkeröder Forums am 4. September 1987. Gaedt C (Hrsg). Neuerkerode: 1987 (zu beziehen über Krankenhaussekretariat der Ev. Stiftung Neuerkerode, 38173 Neuerkerode).
Grawe K. Psychotherapieforschung zu Beginn der neunziger Jahre. Psychologische Rundschau 1992; 43: 132–62.
Griffiths D. Behavioural treatment of anxiety disorders in persons with mental retardation. New York: National Assiciation for Dual Diagnosis 1989 (unveröffentlichter Vortrag).
Hartmann H. Ego Psychology and the Problem of Adaptation. New York: International Universities Press 1958.
Heigl-Evers A, Heigl F. Das interaktionelle Prinzip in der Einzel- und Gruppenpsychotherapie. Zeitschrift für Psychosomatische Medizin 1983; 29: 1–14.
Heigl-Evers A, Heigl F, Ott J. Abriß der Psychoanalyse und der analytischen Psychotherapie. In: Lehrbuch der Psychotherapie. Heigl-Evers A, Heigl F, Ott J. Stuttgart/Jena: Gustav Fischer Verlag: 1993; 202–22.
Hoffmann SO, Hochapfel G. Einführung in die Neurosenlehre und Psychosomatische Medizin. 6. Aufl. Stuttgart/New York: Schattauer 1999.
Kernberg OF. Objektbeziehung und Praxis der Psychoanalyse. Stuttgart: Klett-Cotta 1981.
Kohut H. Die Heilung des Selbst. Frankfurt/M: Suhrkamp 1979.
Konarski EA, Cavalier AR. Current models of psychopathology. In: Psychopathology in mentally retarded. Matson JL, Barrett RP (Eds). New York: Grune & Stratton 1982.

Levitas A, Gilson SF. Toward the Developmental Understanding of the Impact of Mental Retardation on the Assessment of Psychopathology. In: Assessment of Behavior Problems in Persons with Mental Retardation Living in the Community. Report on a Workshop, September 9, 1988. Dibble E, Gray DB (Eds). Rockville, Maryland: National Institute of Mental Health 1988; 71–107.

Lincke H. Instinktverlust und Symbolbildung. Berlin: Severin und Siedler 1981.

Lotz W. Psychische Störungen bei Menschen mit geistiger Behinderung. Eine Übersicht über empirische Literatur von 1970–1990. Diplomarbeit. Freiburg/Breisgau 1991.

Mahler M, Pine S, Bergman A. Die psychische Geburt des Menschen. Frankfurt/M: Fischer 1980.

Niedecken D. The „Organisation" of Mental Retardation. In: Psychoanalysis and Mental Handicap. De Groef J, Heinemann E (Eds). Free Association Books: London/New York 1999.

Robinson NM, Robinson HB. The mentally retarded child. 3rd ed. New York: McGraw-Hill 1976.

Ruth R. Some Trends in Psychoanalysis and their Relevance for Treating People with Mental Retardation. In: Treatment of Mental Illness and Behavioral Disorder in the Mentally Retarded. Proceedings of the International Congress, May 3rd–4th, 1990. Došen A. Van Gennep A, Zwanikken GJ (Eds). Amsterdam: Logon Publications 1990.

Sand A. Inszenierung der Medikamentengabe. In: Besonderheiten der Behandlung psychisch gestörter geistig Behinderter mit Neuroleptika. Vorträge anläßlich des 1. Neuerkeröder Forums am 25. Mai 1986. Gaedt C (Hrsg). Neuerkerode: 1986; 21–7 (zu beziehen über Krankenhaussekretariat der Ev. Stiftung Neuerkerode, 38173 Neuerkerode).

Sand A. Psychopharmakotherapie bei Menschen mit geistiger Behinderung. Einige Überlegungen aus psychotherapeutischer Sicht. In: Psychotherapeutische Behandlung geistig behinderter Menschen. Bedarf, Rahmenbedingungen, Konzepte. Lotz W, Koch U, Stahl B (Hrsg). Huber: Bern 1994; 257–76.

Sandler J, Joffé WG. Towards a basic psychoanalytic model. Int J Psychoanal 1969; 50: 79–90.

Sandler J, Joffé WG. Zur Depression im Kindesalter. Psyche 1980; 5: 413–29.

Senckel B. Mit geistig Behinderten leben und arbeiten. München: Beck 1994.

Senckel B. Du bist ein weiter Baum. Entwicklungschancen für geistig behinderte Menschen durch Beziehung. München: Beck 1998.

Sinason V. Mental Handicap and the Human Condition. London: Free Association Books 1992.

Solnit AJ, Stark MH. Mourning and the birth of a defective child. Psychoanalytic Study of the Child 1961; 16: 523–7.

Sternlicht M. One view. In: Mental retardation and developmental disabilities. Vol. 8. Wortis J (Ed). New York: Brunner/Mazel 1976.

Epidemiologie der Psychopharmako-behandlung bei Menschen mit geistiger Behinderung

W. Meins

Zusammenfassung

Einleitend werden die für eine Psychopharmakobehandlung relevanten psychiatrischen Besonderheiten bei geistiger Behinderung kurz dargestellt. Dann wird die internationale und deutsche Literatur zur Prävalenz der Psychopharmakobehandlung bei Menschen mit geistiger Behinderung dargestellt. Es schließt sich eine Analyse derjenigen demographischen und klinischen Merkmale an, die – mehr oder weniger eng – mit einer Psychopharmakobehandlung bei geistiger Behinderung assoziiert sind. Schließlich werden die wichtigsten Ergebnisse zusammengefaßt und künftige Forschungsschwerpunkte diskutiert.

Psychiatrische Besonderheiten geistiger Behinderung

Die psychiatrische Versorgung wird bei Patienten mit geistiger Behinderung durch erhebliche diagnostische Probleme kompliziert (Hennicke, Meins 1995). So sind die expressive Sprache und das Sprachverständnis beeinträchtigt, in deutlicher Abhängigkeit vom Schweregrad der geistigen Behinderung. Entsprechend muß sich der Untersucher bemühen, trotz der eingeschränkten Kommunikationsmöglichkeiten einen Zugang zum Patienten zu finden.

Bei geistig behinderten Personen kann bereits im Normalzustand das Ausgangsniveau des zu beurteilenden Merkmals – etwa Konzentrationsfähigkeit, Antrieb oder Entscheidungsfähigkeit – herabgesetzt sein. Deshalb ist eine weitere, krankhaft bedingte Veränderung oft nur erschwert feststellbar. Die psychiatrische Symptomatik kann zudem durch das jeweilige kognitive und emotionale Entwicklungsniveau modifiziert sein. Das verlangt vom Untersucher, sich ein Urteil auch über das jeweilige Entwicklungsniveau zu machen und die beobachteten Symptome entsprechend einzuordnen. Ganz besonders die psychischen Störungen bei höhergradiger geistiger Behinderung fügen sich in der Regel nicht in die gängigen psychiatrischen Klassifikationssysteme wie die ICD-10 (WHO 1993) ein.

In einer ausführlichen Literaturübersicht zu psychischen Störungen bei geistiger Behinderung (Meins 1994) werden hinsichtlich der Prävalenz dieser Störungen mehrere Schlußfolgerungen formuliert:

- Psychische Störungen kommen bei schwerer geistiger Behinderung gut doppelt so häufig vor wie bei leichter geistiger Behinderung.
- Bei leichter geistiger Behinderung ist die Prävalenz von psychischen Störungen um etwa 50 % höher als bei Normalintelligenten.
- Bei schwerer geistiger Behinderung ist von einer zwei- bis dreifach höheren Prävalenz als bei Normalintelligenten auszugehen.
- Ein besonders hoher Anteil von psychisch gestörten Bewohnern findet sich in Großeinrichtungen.
- Bei schwerer geistiger Behinderung scheinen zwei psychopathologische Syndrome von besonderer zahlenmäßiger Bedeutung zu sein, nämlich Lethargie einerseits und erhöhte Reizbarkeit andererseits. Dafür jedenfalls sprechen mehrere faktorenanalytische Studien.
- Unter Berücksichtigung der durchschnittlichen Prävalenz psychiatrischer Störungen in der Normalbevölkerung und einer Prävalenzrate für geistige Behinderung in Deutschland von 0,8 % kann von ca. 200.000 geistig behinderten Erwachsenen mit aktuellen, psychiatrisch relevanten Problemen ausgegangen werden.
- Ein Substanzabusus und eine Substanzabhängigkeit sowie neurotische Störungen kommen wahrscheinlich bei geistiger Behinderung seltener als in der Normalbevölkerung vor. Demgegenüber kommt selbstverletzendes Verhalten wesentlich häufiger vor und dürfte in hohem Maße spezifisch für Personen mit geistiger Behinderung sein.

Zu Sicherheit und Wirksamkeit von Psychopharmaka bei geistig behinderten Personen liegen nur wenig wissenschaftliche Forschungsergebnisse vor, obwohl ein erheblicher Anteil, wie weiter unten noch ausführlich erörtert, chronisch psychopharmakologisch behandelt wird. Eine solche Behandlung muß sich dementsprechend häufig auf die Extrapolierung von Wissen und Erfahrung stützen, die bei nicht geistig behinderten Personen gewonnen wurden. Vor diesem Hintergrund ist es begrüßenswert, daß kürzlich ein internationaler Konsensusprozeß zur Psychopharmakobehandlung bei geistiger Behinderung in Gang gekommen ist (Reiss, Aman 1997). Zu nahezu allen relevanten Einzelaspekten, auch der Psychopharmakoepidemiologie, haben sich internationale Arbeitsgruppen konstituiert. Deren Ergebnisse werden demnächst in einem zusammenfassenden Bericht „Psychotropic medication and developmental disability: The international consensus handbook“ erscheinen.

Prävalenz der Psychopharmakobehandlung

Das Thema der Häufigkeit oder Prävalenz von Psychopharmakobehandlungen gehört noch zu den recht gut untersuchten psychiatrischen Problemen geistiger Behinderung. Die erste Arbeit von Lipman erschien bereits im Jahr 1967. Die frühe Literatur wird ausführlich in den Übersichten von Aman (1983) und Gadow (1986) dargestellt. Eine etwas aktuellere Übersicht, die auch ausführlich auf methodische Probleme sowie auf die mit einer Psychopharmakobehandlung assoziierten klinischen und demographischen Variablen eingeht, ist die Übersicht von Aman und Singh (1988). Die jüngere englischsprachige Literatur findet sich bei Singh et al. (1997). Noch nicht berücksichtigt wurden in der letztgenannten Übersicht die Studien von Kiernan et al. (1995) und Spreat (1997).

Vor allem während der letzten zwanzig Jahre hat sich die Wohn-, Betreuungs- und Lebenssituation geistig behinderter Menschen in den westlichen Ländern deutlich verändert. Auch wenn insgesamt sicherlich ein Trend weg von medizinisch geprägten Großeinrichtungen hin zu pädagogisch orientierten und gemeindenahen Wohngruppen zu beobachten ist, hat sich diese Entwicklung international nicht in gleichem Umfang und gleicher Intensität vollzogen. Das gilt es zu berücksichtigen, wenn Ergebnisse aus verschiedenen Ländern oder von unterschiedlichen Untersuchungszeitpunkten miteinander verglichen werden. Beispielsweise dürften die Geistig-Behindertenabteilungen an Landeskrankenhäusern (LKH) am Ende eines Selektionsprozesses stehen. Hier finden sich gehäuft besonders gestörte Patienten, an denen andere bereits gescheitert sind. Eigene Erfahrungen weisen aber darauf hin, daß auch in kleineren, gemeindenahen Wohngruppen durchaus ein erheblicher Anteil der Bewohner unter psychischen Störungen leiden kann.

Die Vergleichbarkeit verschiedener Studien zur Psychopharmakoprävalenz wird weiterhin durch unterschiedliche Geschlechts- und Alterszusammensetzung oder aber unterschiedliche Altersgruppeneinteilung erschwert. Ferner wurde nicht von allen Autoren angemessen berücksichtigt, ob ein Medikament mit verschiedenen Indikationsbereichen (z. B. das Antiepileptikum Carbamazepin) aus psychiatrischer oder aber epileptologischer Indikation verordnet wurde. Ein weiteres Problem, welches meines Wissens bisher empirisch noch nicht untersucht wurde, berührt die Frage, ob die verordnete Prävalenz auch immer gleich der tatsächlich behandelten Prävalenz ist. Das mag in medizinisch geführten Großeinrichtungen ganz überwiegend der Fall sein. In kleineren pädagogischen Einrichtungen darf man das wahrscheinlich nicht so ohne weiteres voraussetzen. Schließlich basieren die Behandlungsraten z. T. auf unterschiedlichen Zeiträumen. Stichtagserhebungen führen in aller Regel zu niedrigeren Raten als Erhebungen, die sich auf eine mindestens einmalige Behandlung in einem längeren Intervall (z. B. Quartal) beziehen.

Im Folgenden werden zunächst die Ergebnisse internationaler Studien zum Gebrauch von Psychopharmaka bei geistig Behinderten dargestellt. Dabei liegt der Akzent auf der Zeit von 1986 bis 1998. Anschließend werden die vorliegenden Studien aus Deutschland erörtert und der Versuch eines Vergleichs mit den internationalen Studien unternommen.

Aman und Singh (1988) fassen in ihrer Übersicht die Ergebnisse von insgesamt 30 zwischen 1970 und 1985 erschienenen Psychopharmakoprävalenzstudien zusammen. Sie definieren psychotrope Substanzen dabei als jede Substanz, die mit dem Ziel verabreicht wird, eine emotionale, verhaltensmäßige oder kognitive Veränderung herbeizuführen. In Großeinrichtungen für geistig Behinderte erhielten 30 % bis 50 % der Bewohner Psychopharmaka. In unterschiedlichen Wohnformen in der Gemeinde lebende geistig behinderte Erwachsene erhielten in 26 % bis 36 % der Fälle Psychopharmaka, Kinder in 2 % bis 7 %. Die Behandlungsraten für geistig behinderte Personen, die Psychopharmaka und/oder Antiepileptika einnehmen, liegen entsprechend höher, nämlich bei institutionalisierten Populationen 50 % bis 70 %, bei Erwachsenen in gemeindenahen Einrichtungen 36 % bis 48 % und bei Kindern in gemeindenahen Wohnformen 18 % bis 33 %. Unter den Psychopharmaka sind Neuroleptika die bei weitem am häufigsten verordnete Medikamentengruppe. An einzelnen Substanzen sind führend Thioridazin, Chlorpromazin und Haloperidol.

Hinsichtlich der Literatur von 1986 bis 1995 kommen Singh et al. (1997) zu folgender zusammenfassender Beurteilung: Die typischen Prävalenzraten in Großeinrichtungen liegen zwischen 12 % und 40 % für Psychopharmaka und 44 % bis 60 % für Psychopharmaka und/oder Antikonvulsiva. Die vergleichbaren Raten für verschiedene gemeindenahe Wohnformen betragen zwischen 19 % und 29 % für Psychopharmaka und zwischen 35 % und 45 % für Psychopharmaka und/oder Antikonvulsiva. Neuroleptika sind insgesamt die eindeutig am häufigsten verordnete Substanzgruppe geblieben. Auch wenn das aus der Gesamtzahl der 22 Studien, in Folge teilweise fehlender Angaben, nicht ganz eindeutig zu ermitteln ist, scheint Thioridazin hinsichtlich der Verordnungshäufigkeit zu führen, gefolgt von Haloperidol und – immer noch – Chlorpromazin.

In der Übersicht von Singh und Mitarbeitern wurden die Studie von Kiernan et al. (1995) aus England und die von Spreat (1997) aus den USA nicht berücksichtigt. Die englische Studie bezieht sich auf eine Gruppe von geistig Behinderten mit zusätzlichen Verhaltensstörungen in einem definierten Versorgungsgebiet, die knapp ein Fünftel der Gesamtpopulation der geistig Behinderten in dieser Region ausmacht. Diese Stichprobe lebt in verschiedenartigen Wohnformen. 48,1 % (250/520) von ihnen wurden am Stichtag Neuroleptika verordnet, am häufigsten Chlorpromazin, gefolgt von Thioridazin und Haloperidol. Auf diese drei Substanzen entfallen 58 % aller Neuroleptikaverordnungen.

Eine umfangreiche Studie an insgesamt 3.789 geistig Behinderten (Durchschnittsalter 40,4 Jahre; Range 1–98 Jahre) führten Spreat und Mitarbeiter (1997) durch. Ihre Untersuchungsgruppe schließt alle geistig Behinderten Oklahomas (USA) ein, die von staatlichen Einrichtungen versorgt werden. 18 % der Indexgruppe leben in Großeinrichtungen. Insgesamt erhielten 33,4 % ein Psychopharmakon, und zwar 22,5 % Neuroleptika, 9,3 % Anxiolytika und 5,9 % Antidepressiva. Die Behandlungsrate mit Neuroleptika in den verschiedenen Wohnformen lag zwischen 6,9 % und 42,9 %.

Aus Deutschland liegen zum Psychopharmakogebrauch von geistig behinderten Erwachsenen meines Wissens nur zwei Studien vor (Meins 1988; Meins et al. 1993). Ferner liegt eine Studie vor, die sich speziell mit der Psychopharmakobehandlung von geistig behinderten Erwachsenen mit depressiven Störungen beschäftigt (Meins 1996).

Die erste Untersuchung analysierte mittels einer Stichtagserhebung im Jahr 1986 für alle von einem großen gemeinnützigen Träger versorgten geistig behinderten Erwachsenen die regelmäßig verordneten Psychopharmaka. Von den 1.154 Bewohnern lebten 66 % auf dem zentralen Anstaltsgelände und 34 % in verschieden großen sogenannten Außen-Wohngruppen. Von den Bewohnern des Zentralgeländes erhielten 26,1 % mindestens ein Psychopharmakon, von den Bewohnern der Außen-Wohngruppen lediglich 12,9 %. Neuroleptika waren jeweils die eindeutig am häufigsten verordnete Psychopharmakogruppe mit 22,1 % bei den Bewohnern des Zentralgeländes und 10,5 % bei den Bewohnern der Außen-Wohngruppen. Die drei am häufigsten verordneten Substanzen waren, bezogen auf die Gesamtgruppe, Thioridazin, Haloperidol und Promethazin. Von den Bewohnern des Zentralgeländes erhielten 4,3 % Tranquilizer, 1,4 % Antidepressiva und 1,2 % Hypnotika. Für die Bewohner der Außen-Wohngruppen lauten die entsprechenden Raten 5,2 %, 2,4 % und 1,6 %. Ein Vergleich der Psychopharmakobehandlung zwischen 1980 und 1986 zeigt vor allem eine deutlich seltenere Verordnung von Tranquilizern und Hypnotika sowie eine Abnahme der Mehrfachmedikation für 1986. Erhielten unter den mit Psychopharmaka behandelten Bewohnern 1980 noch 28 % drei oder mehr Psychopharmaka, sank diese Rate 1986 auf 11,6 %.

In einer späteren Untersuchung (Meins et al. 1993) wurden geistig behinderte Erwachsene aus drei verschiedenen Wohnformen hinsichtlich ihrer Psychopharmakobehandlungsraten untersucht und verglichen: Patienten einer Geistigbehindertenabteilung eines LKH (n = 67), jeweils repräsentative Teilstichproben aus verschiedenen Großheimen (n = 277) und eine als repräsentativ anzusehende Auswahl aus verschiedenen Kleinheimen (n = 454). Die Psychopharmakobehandlungsraten betrugen für die Kleinheime 11,2 %, die Großheime 31,4 % und die LKH-Abteilung 74,6 %. Die entsprechenden Raten für Neuroleptika lagen bei 8,6 %, 27,8 % und 71,6 %. Die anderen Psychopharmakoklassen spielten zahlenmäßig keine Rolle, abgesehen von einer recht hohen Behandlungsrate von 20,9 % für Hypnotika im LKH. Bemerkenswert erscheint noch die außerordentlich niedrige Behandlungsrate mit Antidepressiva von 0,2 %, 2,9 % und 0,0 %.

Mit einer Psychopharmakobehandlung assoziierte Merkmale

In etlichen Studien wurde auch die Assoziation von klinischen und demographischen Merkmalen mit einer Psychopharmakobehandlung untersucht. Diese Ergebnisse fallen nicht immer konsistent aus, da es sich bei den meisten Studien nicht um repräsentative, sondern um mehr oder weniger selektierte Stichproben handelt. Hinsichtlich der Bedeutung von psychiatrischen Merkmalen – etwa dem Vorliegen bestimmter Verhaltensstörungen – wurden diese zudem auf teils sehr unterschiedliche Art definiert und erfaßt. Wie dem auch sei, es lassen sich dennoch einige Trends herausdestillieren.

In der Mehrzahl der in den beiden großen Übersichten dargestellten Studien findet sich kein Unterschied zwischen den Geschlechtern. In den beiden deutschen

Untersuchungen zeigt sich insgesamt die Tendenz einer häufigeren Behandlung von Männern. Zwischen dem Alter und der Behandlungsrate mit Psychopharmaka findet sich in den meisten Studien entweder kein Zusammenhang oder aber ein Anstieg mit dem Alter. In einer Studie an einer sehr großen und gut definierten Stichprobe (Jacobson 1988) fanden sich die höchsten Raten bei jungen Erwachsenen und Erwachsenen mittleren Alters. In unserer eigenen Untersuchung sank die Psychopharmakobehandlungsrate signifikant bei den über 40jährigen (Meins 1988).

Die Psychopharmakobehandlungsraten nehmen mit dem Schweregrad der geistigen Behinderung in den meisten Studien zu, allerdings nicht in dem Maße, wie es für die Antiepileptikaprävalenz gilt. Die erneute Analyse eigener Daten (Meins 1988) zeigt, daß diejenigen mit behandelter Epilepsie tendenziell häufiger auch Psychopharmaka erhalten als die ohne (behandelte) Epilepsie (24,3 % vs. 21 %). In den übrigen Studien, die dieser Frage nachgegangen sind, findet sich überwiegend die umgekehrte Tendenz (z. B. Aman et al. 1995; Stone et al. 1989). Schließlich führt eine relevante Mobilitätseinschränkung, z. B. eine Cerebralparese, nahezu durchgängig zu einer niedrigeren Psychopharmakobehandlungsrate.

Besonders in jüngeren Studien wurde häufig der Versuch unternommen, Zusammenhänge zu analysieren zwischen pharmakologischer Behandlung einerseits und psychiatrischer Diagnose bzw. Häufigkeit oder Schweregrad von Verhaltensstörungen andererseits. Der erwartete positive Zusammenhang zwischen psychiatrischer Diagnose und Behandlungsrate mit Psychopharmaka konnte nachgewiesen werden (Jacobson 1988; Burd et al. 1991). In einer eigenen Untersuchung wurde bei geistig behinderten Erwachsenen mit aktuellen DSM-III-R-depressiven Störungen (n = 38) eine mehr als doppelt so hohe Psychopharmakobehandlungsrate (47 % vs. 22 %) nachgewiesen wie bei einer Gruppe von nicht-depressiven geistig Behinderten (n = 146) (Meins 1996). Allerdings erhielten die depressiven Patienten nur selten Antidepressiva (11 %), während Neuroleptika wesentlich häufiger verabreicht wurden (47 %).

Die Verhaltensprobleme, welche in verschiedenen Studien immer wieder einen signifikanten Zusammenhang mit der Psychopharmakobehandlungsrate zeigen, sind aggressives und selbstverletzendes Verhalten. Eigene Daten (Meins et al. 1993) belegen, daß offensichtlich auch die Wohnform (Kleinheim vs. Großheim) die Entscheidung zur Psychopharmakobehandlung beeinflußt. In Großheimen waren die vier am engsten mit einer Psychopharmakobehandlung assoziierten Verhaltensstörungen aggressives Verhalten, motorische Hyperaktivität, Entlaufen und Stereotypien. In den Kleinheimen waren es dagegen Schreien, aggressives Verhalten, Wutausbrüche und Unordentlichkeit, wobei der statistische Zusammenhang jeweils schwächer ausfiel. Unter statistischer Kontrolle des Schweregrades der geistigen Behinderung zeigte sich, daß Personen mit vergleichbaren Verhaltensproblemen in den Kleinheimen 3mal häufiger, in den Großheimen dagegen 5,7mal häufiger mit Psychopharmaka behandelt werden als die entsprechenden Gruppen ohne Verhaltensprobleme. Das höchste Risiko, beim Vorkommen aggressiver Verhaltensprobleme mit Psychopharmaka behandelt zu werden, wiesen eindeutig die schwer geistig behinderten Bewohner von Großheimen auf.

Kaum untersucht wurde bisher das Verschreibungsverhalten der Ärzte bzw. dessen Determinanten. In einer interessanten Studie (Singh, Winton 1984) ließ sich kein

Zusammenhang ermitteln zwischen Änderungen der medikamentösen Behandlung (z. B. Dosiserhöhung) und dem sorgfältig und unabhängig beobachteten Zielverhalten. Eine andere Studie konnte diese Ergebnisse im wesentlichen bestätigen (Fredericks, Hayes 1995).

Schlußfolgerungen

Im internationalen Maßstab kann die Prävalenz der Psychopharmakobehandlung bei Menschen mit geistiger Behinderung als recht gut untersucht beurteilt werden. Für die Zukunft wären hier wünschenswert Verlaufsuntersuchungen in größeren zeitlichen Abständen an gut definierten und gut vergleichbaren Stichproben, um Entwicklungstrends der Psychopharmakobehandlung bei diesem Personenkreis zu dokumentieren.

Für Deutschland liegen insgesamt noch nicht genügend aussagefähige Studien vor. Ungeklärt ist vor allem die Frage, ob es relevante regionale Unterschiede in bezug auf Psychopharmakobehandlungsraten gibt. Die beiden vorliegenden Studien aus Deutschland zeigen im internationalen Vergleich niedrige Behandlungsraten an. Aufgrund unterschiedlicher Versorgungsstrukturen sind diese Raten jedoch nur eingeschränkt miteinander vergleichbar.

Strenggenommen lassen Studien zur Behandlungsprävalenz keine Aussage darüber zu, ob eine psychopharmakologische Behandlung zu selten oder zu häufig durchgeführt wird. Begründete Aussagen zu dieser Frage sind nur möglich, wenn man die tatsächliche Behandlung in Beziehung setzen kann zu definierten Behandlungsstandards. Diese liegen zu psychischen Störungen bei geistiger Behinderung nicht vor. Die Erarbeitung von Konsensusrichtlinien wird die Diskussion sicherlich voranbringen, vorausgesetzt allerdings, daß auch in Deutschland die Ergebnisse dieser Diskussion zur Kenntnis genommen werden.

Angesichts des Desinteresses von Psychiatrie und Nervenheilkunde gegenüber den psychiatrischen Problemen geistiger Behinderung – wie es sich beispielsweise in dem aktuellen Positionspapier der DGPPN (1997) darstellt – und dem Nichtvorhandensein des Themas Geistige Behinderung in den Katalogen der fachärztlichen Weiterbildung dürfte eine gewisse Skepsis begründet sein.

Die vorliegenden Daten zur psychopharmakologischen Behandlung von geistig Behinderten mit depressiven Störungen weisen deutlich auf eine in vielen Fällen offenbar unangemessene psychopharmakologische Behandlung hin. Eine unspezifische Behandlung mit Neuroleptika wird zu häufig gegenüber einer syndromspezifischen Therapie bevorzugt.

Nach vielen Jahren des relativen Stillstandes sind in letzter Zeit zahlreiche neue Psychopharmaka zugelassen worden. Dieser Trend wird sich in den nächsten Jahren fortsetzen. Eine größere Bereitschaft aller Beteiligten zur Durchführung von Psychopharmakostudien auch bei Patienten mit geistiger Behinderung könnte diesen Personenkreis stärker am medizinischen Fortschritt teilhaben lassen.

Literatur

Aman MG. Psychoactive drugs in mental retardation. In: Treatment issues and innovations in mental retardation. Matson JL, Andrasik F (Eds). New York: Plenum Press 1983; 455–513.

Aman MG, Sarphare G, Burrow WH. Psychotropic drugs in group homes: prevalence and relation to demographic/psychiatric variables. Am J Ment Retard 1995; 5: 500–9.

Aman MG, Singh NN. Patterns of drug use: Methodological considerations, measurement techniques, and future trends. In: Psychopharmacology of the developmental disabilities. New York: Springer 1988.

Burd L, Fisher W, Vesely BN, Williams M, Kerbeshian J, Leech C. Prevalence of psychoactive drug use among North Dakota group home residents. Am J Ment Retard 1991; 96: 119–26.

DGPPN. Die Behandlung psychischer Erkrankungen in Deutschland. Berlin: Springer 1997.

Fredericks DW, Hayes LJ. Effects of drug changes and physician prescribing practices on the behavior of persons with mental retardation. J Dev Physical Disabil 1995; 7: 105–22.

Gadow KD. Children on Medication. San Diego: College Hill Press 1986.

Hennicke K, Meins W. Besonderheiten der psychiatrischen Versorgung von geistig Behinderten mit psychischen Störungen. Psychiat Prax 1995; 22: 240–3.

Jacobson JW. Problem behavior and psychiatric impairment within a developmentally population. III. Psychotropic medication. Res Dev Disabil 1988; 9: 268–78.

Kiernan C, Reeves D, Alborz A. The use of anti-psychotic drugs with adults with learning disabilities and challenging behaviour. J Intellect Disabil Res 1995; 4: 263–74.

Meins W. Psychopharmakogebrauch bei geistig behinderten Erwachsenen. Psychiat Prax 1988; 15: 218–22.

Meins W. Psychische Störungen bei geistiger Behinderung – Prävalenz und psychopathologische Besonderheiten. Z Klin Psychol Psychopathol Psychother 1994; 274–85.

Meins W. Wie werden geistig behinderte Erwachsene mit depressiven Störungen psychopharmakologisch behandelt? Nervenarzt 1996; 67: 216–8.

Meins W, Auwetter J, Krausz M, Turnier Y. Behandlung mit Psychopharmaka in unterschiedlichen Einrichtungen für geistig Behinderte. Nervenarzt 1993; 64: 451–5.

Reiss S, Aman MG. The international consensus process on psychopharmacology and intellectual disability. J Intellect Disabil Res 1997; 6: 448–55.

Singh NN, Ellis CR, Wechsler HBA. Psychopharmacoepidemiology of mental retardation: 1966 to 1995. J Child Adolesc Psychopharmacol 1997; 4: 255–66.

Singh NN, Winton ASW. Behavioral monitoring of pharmacological interventions for self-injury. Appl Res Ment Retard 1984; 5: 161–70.

Spreat S. Use of psychotropic medication in Oklahoma: A statewide survey. Am J Ment Retard 1997; 1: 80–5.

Stone RK, Alvarez WF, Ellman G, Horn AC, White JF. Prevalence and prediction of psychotropic drug use in California developmental centers. Am J Ment Retard 1989; 93: 627–32.

WHO. Internationale Klassifikation psychischer Störungen, ICD-10. Bern: Huber 1993.

Psychopharmakotherapie und andere therapeutische Konzepte in der Behandlung von Menschen mit geistiger Behinderung

F. Häßler, P. Tilch, J. Buchmann

Einleitung

Vor über dreißig Jahren wurde die wissenschaftliche Beschäftigung mit geistiger Behinderung als „Cinderella" der Psychiatrie angesehen (Tarjan 1966). Das wachsende Interesse an Entwicklungsstörungen erfaßte auch dieses Feld, wofür die jährlich 1.000 publizierten Artikel über geistige Behinderung laut Medline Recherche im Jahre 1975 sprechen (King et al. 1997). Die Prävalenz von 1–3 % für geistige Behinderung in den Entwicklungsländern liegt um das Zehnfache höher als die Prävalenz für Schizophrenien (1–3,9 auf 1:000; Hodapp und Dykens 1996).

In Abgrenzung zum medizinischen Konzept, welches durchaus zur Verbesserung der Lebensqualität von Menschen mit geistiger Behinderung beigetragen hat und über Ursachenaufdeckung auch Präventivmaßnahmen (z. B. Phenylketonurie) ermöglichte, wurden in der Heilpädagogik und speziell der Geistig-Behindertenpädagogik entwicklungspsychologische, sozioökologische und psychoedukative Modelle entwikkelt. Aber auch mit dem Umdenkprozeß der Reformpsychiatrie (Brenner et al. 1994) kam es zu einer zunehmend gleichberechtigten Integration von Menschen mit geistiger Behinderung in psychiatrische Denk-, Behandlungs- und Versorgungsmodelle. Die aus der Heil- und Sonderpädagogik stammenden Konzepte der „Normalisierung" und „Enthospitalisierung" von Menschen mit geistiger Behinderung wurden von der Reformpsychiatrie aufgegriffen und größtenteils übernommen, bedürfen aber immer noch der umfassenden und flächendeckenden Realisierung. Hierbei sind nicht nur Veränderungen der gesellschaftlichen Rahmenbedingungen und der Versorgungssysteme vonnöten.

Auf der Basis der bestehenden Defizite haben der Verband für Anthroposophische Heilpädagogik und Soziale Arbeit e. V., der Verband katholischer Einrichtungen und Dienste für lern- und geistig behinderte Menschen e. V., der Bundesverband Evangelischer Behindertenhilfe e. V. und die Bundesvereinigung Lebenshilfe für Menschen mit geistiger Behinderung e. V., die in ihrer Gesamtheit 90 % der Angebote für geistig behinderte Menschen repräsentieren, 1999 ein Positionspapier veröffentlicht, in dem sie notwendige Maßnahmen zur Verbesserung der gesundheitlichen Versorgung von

Jugendlichen und Erwachsenen mit geistiger und mehrfacher Behinderung im Rahmen der geplanten Gesundheitsreformvorhaben einfordern. Dabei wird auf folgende Hauptaspekte explizit aufmerksam gemacht (Bundesverband Evangelische Behindertenhilfe e. V. et al. 1999).

- „Bei der Krankenhausbehandlung ist den besonderen Bedürfnissen psychisch Kranker und von Menschen mit geistiger, körperlicher und seelischer Behinderung Rechnung zu tragen, insbesondere bei der Versorgung mit Arzneimitteln, Heilmitteln, Hilfsmitteln und bei der medizinischen Rehabilitation."
- „Die gesundheitliche Versorgung durch Ambulanzen für Menschen mit geistiger und mehrfacher Behinderung ist auf solche behinderten Jugendlichen und Erwachsenen auszurichten, die wegen Art, Schwere oder Dauer ihrer Krankheit oder drohender Krankheit im Zusammenhang mit ihrer geistigen oder mehrfachen Behinderung nicht von geeigneten Ärzten behandelt oder an anderer Stelle nicht ausreichend versorgt werden können."

Die Fachverbände der Behindertenhilfe forderten bereits in ihrem Positionspapier von 1998 neben einer speziellen medizinischen Betreuung für Menschen mit geistiger bzw. mehrfacher Behinderung auch eine adäquate Aus- und Weiterbildung für eine fachlich angemessene gesundheitliche Betreuung und eine praxisbegleitende Forschung zwecks Therapieevaluierung und -optimierung, wobei sie auf die Kompetenz von Universitäten, Hoch- und Fachschulen verwiesen.

Hinzu kommt, daß Menschen mit geistiger Behinderung ein erhöhtes Risiko aufweisen, ernsthaft psychisch zu erkranken, wobei nosologisch schizophrene Erkrankungen mit 25 % überwiegen, und besonders vulnerabel auf emotionale und institutionelle Vernachlässigung sowie Umgebungsveränderungen zu reagieren. Somit ergeben sich für die Psychiatrie folgende Aufgaben, an denen sie maßgeblich in der Betreuung geistig behinderter Menschen mitwirken kann:

1. ambulante und stationäre Kriseninterventionen bei schweren expansiven Verhaltensstörungen, suizidalen Tendenzen, Exazerbationen bzw. Erstmanifestationen psychotischer Störungen bzw. anderer psychiatrischer Erkrankungen,
2. fachliche Beratung von Behinderteneinrichtungen (Heime, Wohngruppen u. a.), Angehörigen und anderen in die Betreuung eingebundenen Institutionen, wie z. B. Pädagogen auf der Grundlage einer fundierten Diagnostik,
3. Bereitstellung fachlicher Kompetenz für die Aus- und Weiterbildung von Betreuungspersonal, inklusive Supervision und Ausrichtung entsprechender Fachtagungen,
4. Organisation und Koordination sozialer sowie medizinischer Hilfen mit dem Blick auf Verbesserung der Lebensqualität und der Rückfallprävention,
5. wissenschaftliche Begleitung, Erarbeitung von Meßinstrumenten zur Therapieevaluierung und Therapieoptimierung.

Aus psychiatrisch psychotherapeutischer Sicht geht es vor allem um die Vermeidung von Fehlentwicklungen und Psychiatrisierungen, die Verbesserung der Lebensqualität und eine weitestgehende Resozialisierung. Dazu dienen im Sinne eines störungsspezifischen Gesamtbehandlungskonzeptes neben pädagogischen, psychoedukativen und psychotherapeutischen Interventionen auch die Psychopharmakotherapie.

Psychopharmakotherapie

Konsens herrscht sicherlich darüber, daß psychiatrische Erkrankungen bzw. Störungen wie Schizophrenien und Affektpsychosen, die bei Menschen mit geistiger Behinderung auftreten, entsprechend ihrer Symptomatologie auch medikamentös zu behandeln sind.

Die oft geforderte Entmedikalisierung geht in ihrer Pauschalisierung an den individuellen Erfordernissen vorbei, hat aber durchaus ihre Berechtigung hinsichtlich unwissenschaftlicher Mehrfachverordnungen und einer Psychopharmakotherapie, die allein auf eine „Ruhigstellung" abzielt.

Reifere Ich-Strukturen und weitestgehende Autonomie können sich nur in einem entwicklungsfördernden Kontext herauskristallisieren, wozu auch gegenseitige Akzeptanz, Vertrauen, Berechenbarkeit und situative Handlungskompetenz gehören. Psychopharmakotherapie hat nicht selten eine präventive Komponente, denn Psychiatrisierungen lassen sich somit im Vorfeld vermeiden und die Betroffenen können in ihrer vertrauten Umgebung verbleiben. Darüber hinaus werden nicht selten erst durch Psychopharmaka die Voraussetzungen für andere therapeutische und pädagogische Ansätze bzw. Zugänge geschaffen. Abhängig vom Behinderungsgrad, der psychiatrischen Begleitsymptomatik und dem Aufenthaltsort dominieren dennoch Neuroleptika unter den verordneten psychotropen Substanzen bei Menschen mit geistiger Behinderung. Tabelle 1 gibt einen Überblick über die Psychopharmakaprävalenz bei in Großheimen betreuten Menschen mit geistiger Behinderung.

Länderübergreifend weisen die Prävalenzen für Neuroleptika und Antidepressiva keine großen Differenzen auf. Dennoch läßt sich aus den Angaben unschwer ablesen, daß Menschen mit geistiger Behinderung zu den Patientengruppen mit besonders häufiger Psychopharmakabehandlung gehören. Meins et al. wiesen 1993 darauf hin, daß außer dem Institutionstyp Großeinrichtung insbesondere eine höhergradige geistige Behinderung und das Vorliegen von expansiven Verhaltensstörungen mit einer Psychopharmakabehandlung assoziiert sind. Unabhängig von der störungsspezifischen Indikation überwiegen niedrig- und mittelpotente Neuroleptika, was den Rückschluß zuläßt, daß weniger versucht wird, eine akute schizophrene Symptomatik als vielmehr expansive Verhaltensstörungen medikamentös zu beeinflussen. Tabelle 2 verdeutlicht die Prävalenzen der angewandten Neuroleptika.

Tab. 1: Psychopharmakaprävalenz bei Menschen mit geistiger Behinderung (Angaben in %)

	Meins et al. 1993	**Baumeister et al. 1993**	**Branford 1994**	**Häßler 1998**
Antiepileptika	k. A.	31,6	29,0	27,2
Neuroleptika	27,8	31,8	23,0	33,8
davon Atypika				25,0
Antidepressiva	2,9	2,9	4,0	2,4
Anxiolytika	3,2	8,5	2,0	k. A.
Sedativa	3,6	6,0	k. A.	8,4

Tab. 2: Prävalenzen angewandter Neuroleptika in der Behandlung von Menschen mit geistiger Behinderung (Angaben in %)

	Meins et al. 1993	Gaedt 1995	Häßler 1998
Levomepromazin	39,9	28,0	32,0
Haloperidol	16,5	23,0	9,7
Pipamperon	18,1	k. A.	8,3
Perazin	k. A.	28,0	9,7
Thioridazin	k. A.	22,0	0
Zuclopenthixol	k. A.	k. A.	15,3

Wechsler berichtete 1999 aus Kork über eine Neuroleptikaprävalenz von 23,2 %, wovon „Atypika“ bereits einen Anteil von 34,5 % ausmachten.

Ausgehend von diesen Zahlen taucht immer wieder die berechtigte Frage nach der Indikation für den Einsatz von Psychopharmaka, unter denen Neuroleptika dominieren, auf. Auf der Basis einer fundierten Diagnose, in die auch entwicklungspsychologische, sozialpsychologische und psychodynamische, insbesondere situative Faktoren einfließen sollten, geht es um die störungsspezifische Indikation für den Einsatz von Psychopharmaka, unabhängig davon, ob es sich um „krankheitsbedingte“ oder „nicht krankheitsbedingte Störungen“ handelt. Neben den außerhalb jeder Kritik stehenden psychotischen Störungen geht es dabei in erster Linie um „organisch bedingte psychische Störungen“ (Richtlinien für den Einsatz von Neuroleptika in Pflegeeinrichtungen – Omnibus Budget Reconciliation Act, OBRA, 1991, in: Dose 1999, und erläuternde Richtlinien der Gesundheitsbehörde – Health Care Financing Administration, HCFA, 1997). Dabei müssen folgende Voraussetzungen erfüllt sein:

1. Vorliegen einer quantitativen und qualitativen Dokumentation der Verhaltensauffälligkeiten,
2. Bestehen einer Selbst- und/oder Fremdgefährdung,
3. Verhaltensweisen wie anhaltendes Weinen, Schreien, Stampfen und Schimpfen müssen eine dokumentierte funktionelle Beeinträchtigung hervorrufen,
4. die in Frage kommenden Verhaltensauffälligkeiten dürfen nicht durch institutionelle Gründe verursacht sein, die anderweitig abwendbar wären.

Ähnlich argumentierte Gaedt 1995, der neben psychotischen und präpsychotischen Symptomen vor allem Anpassungsstörungen infolge mangelnder Impulskontrolle, Verhaltensstörungen im Zusammenhang mit Schlafstörungen und auto- bzw. fremdaggressives Verhalten als Indikationen für den Einsatz von Neuroleptika ansah, wenn pädagogische und andere therapeutische Versuche keinen Erfolg haben.

Rechtliche Aspekte

Besteht unter Einbeziehung und Abwägung aller o. g. Aspekte eine Indikation zur neuroleptischen Behandlung, so ist nach angemessener und dokumentierter Aufklärung bei Einwilligungsfähigkeit des Betroffenen eine rechtsverbindliche Zustimmung einzuholen oder bei Einwilligungsunfähigkeit die des gesetzlichen Vertreters bzw. Betreuers. In Hinblick auf die §§ 1904 und 1906 BGB kommt der Entscheidung, ob es sich um eine Heilbehandlung oder eine „freiheitsentziehende Maßnahme" durch den Einsatz von Medikamenten handelt, eine juristische Bedeutung zu. Bei einer Heilbehandlung, soweit sie nicht mit einer extremen Gefährdung des Betroffenen einhergeht, wovon bei zugelassenen Medikamenten, insbesondere Neuroleptika, a priori nicht ausgegangen werden muß, reicht die Zustimmung des Personensorgeberechtigten bzw. Betreuers. Im Falle „freiheitsentziehender Maßnahmen" bedarf es der Zustimmung des Vormundschaftsgerichtes bzw. Familiengerichtes.

Auch nach der restriktiveren Handhabung der „Anwendungsgebiete" besteht im Rahmen der „Therapiefreiheit" die Möglichkeit, zur Behandlung bestimmter Störungen bzw. Diagnosen zugelassene Medikamente nach entsprechender Aufklärung und dokumentierter Indikationsstellung auf andere Anwendungen auszudehnen.

Indikationen

Schizophrenien

Diagnostische Leitlinien der Schizophrenie (ICD-10): Erforderlich für die Diagnose Schizophrenie ist mindestens ein eindeutiges Symptom (zwei oder mehr, wenn weniger eindeutig) der folgenden Gruppen 1–4 oder mindestens zwei Symptome der Gruppen 5–8. Diese Symptome müssen fast ständig während eines Monats oder länger deutlich vorhanden sein. Bei eindeutiger Gehirnerkrankung, während einer Intoxikation oder während eines Entzugs soll keine Schizophrenie diagnostiziert werden.

1. Gedanken-laut-Werden, Gedankeneingebung oder Gedankenentzug, Gedankenausbreitung
2. Kontrollwahn, Beeinflussungswahn, Gefühl des Gemachten bzgl. Körperbewegungen, Gedanken, Tätigkeiten oder Empfindungen, Wahnwahrnehmungen
3. Kommentierende oder dialogische Stimmen
4. Anhaltender, kulturell unangemessener und völlig unrealistischer Wahn
5. Anhaltende Halluzinationen jeder Sinnesqualität
6. Gedankenabreißen oder Einschieben in den Gedankenfluß
7. Katatone Symptome wie Erregung, Haltungsstereotypien, Negativismus oder Stupor
8. „Negative" Symptome wie auffällige Apathie, Sprachverarmung, verflachte oder inadäquate Affekte

Die Diagnose wird aufgrund der dominierenden Psychopathologie, die bei den jeweiligen Unterformen der Schizophrenie unterschiedlich gewichtet sein kann, in erster Linie klinisch gestellt. Bei einer Schizophrenie sind in der Regel alle psychischen Funktionen mitbetroffen, wobei Störungen des inhaltlichen und formalen Denkens, der Ichfunktionen und der Wahrnehmung den Positivsymptomen zugerechnet werden und Störungen der Intentionalität, des Antriebes, der Affektivität und der Psychomotorik zur Negativsymptomatik gehören. Je nach Ausprägungsgrad der Symptomatik sind auch Konzentration und Aufmerksamkeit beeinträchtigt. In der Zusammenschau der Symptome, die der allgemeinen Psychopathologie zugehören, wie Sorge um die Gesundheit, Angst, Schuldgefühle, Anspannung, Manierismen, Depression, motorische Verlangsamung, unkooperatives Verhalten, ungewöhnliche Denkinhalte, mangelnde Aufmerksamkeit, eingeschränkte Urteils- und Einsichtsfähigkeit, Willensschwäche, mangelnde Impulskontrolle, Selbstbezogenheit sowie aktives soziales Vermeidungsverhalten, und der o. g. Positiv- und Negativsymptomatik ergeben sich trotz aller individuellen Unterschiede Parallelen zu komplexen Symptomatologien, wie sie Menschen mit einer geistigen Behinderung oft aufweisen. Eingebettet in allgemeine störungs- und phasentypische Therapieprinzipien sind Antipsychotika aufgrund ihrer erwiesenen Wirksamkeit in der Akut- und Langzeitbehandlung Medikamente der ersten Wahl.

In bezug auf die unterschiedliche Dosis-Wirkung-Relation bei der Behandlung schizophrener Psychosen unterteilte man die Antipsychotika in nieder-, schwach- und hochpotente Substanzen, ohne daß bis heute differierende antipsychotische Wirksamkeiten für die zur Verfügung stehenden klassischen Neuroleptika zu belegen sind (Müller et al. 1995). Die traditionellen Neuroleptika der ersten Generation haben die Therapie der Schizophrenien revolutioniert und eine Öffnung der psychiatrischen Einrichtungen, d. h. eine gemeindenahe Betreuung, größtenteils ermöglicht. Dennoch weisen die klassischen Neuroleptika drei gravierende Mängel auf, die sowohl die Langzeitergebnisse als auch die Compliance wesentlich negativ beeinflussen.

1. In bis zu 90 % der Fälle tritt im Langzeitverlauf eine Therapieresistenz der psychotischen Positiv-(Plus-)Symptomatik auf, wobei Angaben zum Ausgang von schizophrenen Psychosen sowohl vom verwendeten Schizophreniebegriff, vom gewählten Zeitfenster als auch von der Definition einer „Vollremission" bzw. eines „Residualzustandes" abhängen (Rhode und Marneros 1993). So einschneidende Symptome wie Wahnideen, formale Denkstörungen, Halluzinationen, motorische Erregung, Größenideen, Mißtrauen, Verfolgungsideen und Feindseligkeit können mit all ihren Folgen häufig nur kurzzeitig effektiv beeinflußt werden.
2. Eine Wirkung auf die Negativ-(Minus-)Symptomatik, die die Lebensqualität der Betroffenen besonders beeinträchtigt, konnte in vielen Studien nicht hinreichend nachgewiesen werden (Möller 1998). Dazu gehören Affektverflachung, emotionaler Rückzug, mangelnder affektiver Rapport, soziale Passivität und Apathie, Schwierigkeiten beim abstrakten Denken, Mangel an Spontanität, Flüssigkeit der Sprache und stereotype Gedanken. Auf diese Symptome ist die in der akuten Krankheitsphase oft zu diagnostizierende globale Intelligenzminderung von 10–20 IQ-Punkten zurückzuführen.

3. Nicht zuletzt induzieren die klassischen Neuroleptika extrapyramidale Symptome, wie Parkinsonoid Akathisie, Tremor, Früh- und Spätdyskinesien sowie neuroleptische Syndrome. In der AMÜP(Arzneimittel-Überwachung in der Psychiatrie)-Studie traten in 56 % der mit Haloperidol behandelten Fälle extrapyramidal motorische Symptome (EPMS) auf, die in 7 % zum Absetzen des Medikamentes führten (Grohmann und Rüther 1994). Darüber hinaus korrelieren akute EPMS mit der Entwicklung einer irreversiblen tardiven Dyskinesie (Umbricht und Kane 1996).

Erst mit der Einführung der Neuroleptika der zweiten Generation, die im Vergleich zu den klassischen Neuroleptika eine günstigere Relation von antipsychotischer Wirksamkeit und extrapyramidaler Verträglichkeit, eine höhere Effizienz gegenüber positiven und negativen Symptomen und eine geringere Beeinträchtigung von kognitiven Funktionen haben, wurde die Schizophrenietherapie vorangebracht (Tamminga et al. 1998). Diese als „atypische" bzw. „neue" Neuroleptika bezeichneten Substanzen weisen nicht nur im klinischen, sondern auch in ihrem pharmakologischen Profil Besonderheiten auf. Dazu gehören solche in der Bindung an Dopaminrezeptoren, vor allem eine ausgewogene Relation zwischen D2- und D1-Blockade sowie eine bevorzugte Bindung an D3- und D4-Rezeptoren und eine präferenzielle Wirkung auf Dopaminrezeptoren im limbischen System und nicht zuletzt ein kombinierter Dopamin-D2- und 5-HT2-Antagonismus (Möller 1997, Arnt 1998). Über das Auftreten anderer Nebenwirkungen wie Sedierung, zerebrale Krampfanfälle, Mundtrockenheit, Rhinitis, Schwindel, Kreislaufsensationen etc. entscheidet das Bindungsverhalten gegenüber cholinergen, histaminergen und muskarinergen Rezeptoren sowie deren Interaktion untereinander.

Für die Manifestation von EPMS, den am meisten restriktiven Nebenwirkungen, ist in erster Linie die D2-Rezeptor-Okkupanz ausschlaggebend, deren Grenzzone zwischen 70 und 80 % liegt. Anhand Tabelle 3 läßt sich unschwer erkennen, daß die neuen Neuroleptika hinsichtlich des Auftretens von EPMS dem am häufigsten angewandten klassischen Neuroleptikum Haloperidol deutlich überlegen sind.

Die Hauptsymptome der EPMS sind Parkinsonoid, Akathisie, Dystonie und Spätdyskinesien wie Tardive Dyskinesie, Tardive Dystonie, Pisa-Syndrom und Rabbit-Syndrom (Eich 1999). Insbesondere Spätdyskinesien werden häufig übersehen und in ihrer Bedeutung unterschätzt, wobei Inzidenzraten bei 4–5 % pro Jahr liegen. Zu den Risikofaktoren für das Auftreten von Spätdyskinesien zählen neben dem weiblichen Geschlecht und einer besonderen EPMS-Empfindlichkeit auch eine vorbestehende Hirnschädigung. Somit sollten gerade bei der Behandlung von Schizophrenien bei Menschen mit geistiger Behinderung atypische Antipsychotika zum Einsatz kommen.

Negativsymptome gehören zu den Basissymptomen der Schizophrenie, lassen sich aber nur unzureichend mit klassischen Neuroleptika beeinflussen (Möller et al. 1995).

Tab. 3: Häufigkeiten von EPMS (Angaben in %)

Placebo	Haloperidol	Clozapin	Risperidon	Sertindol	n	Autor	
	48	23			92	Kurz	1995
	61	33			100	Gerlach	1995
18	47		20 (6 mg)		338	Marder	1994
17	50 (16 mg)			15 (20 mg)	541	van Kammer	1996

Mit Hilfe hochvalider und reliabler Meßinstrumente (Positive and Negative Syndrome Scale, PANSS [Kay et al. 1987], Scale for the Assessment of Negative Symptoms, SANS [Andreasen 1980]) ließ sich sowohl ein direkter positiver Effekt für Risperidon (Möller et al. 1995) als auch für Sertindol (Zimbroff et al. 1997) auf Negativsymptome nachweisen.

Die schon mehrfach erwähnte prognosebestimmende Compliance hängt von verschiedenen Faktoren ab, unter denen die EPMS die entscheidendsten sind, aber auch Gewichtszunahme und kognitive Beeinträchtigung eine nicht zu unterschätzende Rolle spielen. Unter Risperidon lagen die Gewichtszunahmen von über 10 % des Ausgangsgewichtes bei weniger als 15 % aller Therapierten (Wirshing et al. 1997). Für Olanzapin lag dieser Prozentsatz bei knapp über 40 % (Green 1999).

Aufmerksamkeitsdefizite und Einschränkungen in der Informationsverarbeitung zählen zu den essentiellen Symptomen der Schizophrenien, wobei Gedächtnisstörungen teilweise medikamenteninduziert sind (Green 1996). Das Ausmaß der kognitiven Beeinträchtigung hängt somit von der Akuität der schizophrenen Symptomatik, dem gewählten Neuroleptikum bzw. der Dauer der Verabreichung und der damit assoziierten residualen Sedierung, den EPMS, der anticholinergen Blockade und der Begleitmedikation ab. Kognitive Beeinträchtigung ist sowohl ein Prädiktor als auch ein Faktor, der die schulische, berufliche und soziale Rolle wesentlich beeinflußt. Die „neuen“ Neuroleptika mit Dopamin-D2 und minimaler cholinerger Blockade können sogar die kognitiven krankheitsbedingten Defizite verbessern (King 1994, Arnt 1998). Diskutiert wird, ob diese Wirkung auf serotonerge Effekte zurückzuführen ist. Green et al. (1997) begründen so ihre bei 59 Patienten untersuchten Verbesserungen im verbalen Gedächtnis. Zu diesen „neuen“ Neuroleptika zählen:

Risperidon – ein Benzisoxazolderivat – ist das am längsten auf dem Markt befindliche atypische Neuroleptikum. Da es sich um einen weitgehend selektiven D2-5-HT2-Antagonisten mit einer Halbwertzeit der pharmakologisch aktiven Fraktion zwischen 3,2 und 24 Stunden handelt, sind anticholinerge Wirkungen kaum vorhanden. Über eine kortikale 5-HT2-Blockade kommt es einerseits zu einer höheren Dopaminfreisetzung und darunter zu einer Normalisierung der Funktion absteigender GABAerger und NMDAerger Neuronen und andererseits zu einer limbischen D2-Rezeptor-Blockade, was die dopaminerge Transmission in den Basalganglien, teils antagonisiert durch die 5-HT2-Blockade, reduziert.

Ohne sedierenden Effekt wirkt es schon bei einer Dosis von 4–6 mg/d sowohl auf die psychotische Plussymptomatik als auch auf die Negativsymptomatik besser als Haloperidol und mit deutlich weniger EPMS (Marder und Meibach 1994, Möller et al. 1995). Im Bereich des verbalen Arbeitsgedächtnisses zeigte Risperidon Vorteile gegenüber Haloperidol und hielt seine antipsychotische Wirkung über einen längeren Zeitraum effektiv aufrecht (Lindström et al. 1995). Wenn, dann dominieren an Nebenwirkungen Schlaflosigkeit, Unruhe, Kopfschmerzen und Angstzustände (Möller 1998). Die empfohlene Dosis reicht je nach Indikation von 0,5 bis 6 mg pro Tag, wobei bis 6 mg die EPMS im Placebobereich lagen. Darüber nimmt die EPMS-Häufigkeit zu.

Sertindol – ein Phenylindol – blockiert vorrangig D2- und 5-HT2A-Rezeptoren sowie α1-noradrenerge und Hd1-Rezeptoren und hat bei einer Halbwertzeit von ungefähr drei Tagen kaum sedierende und cholinerge, dafür aber kreislaufdepressive

Effekte (Hypotonie, Synkopen, Schwindel, orthostatische Dysregulation). Unter Sertindol wird selektiv stärker der Dopamin-Metabolit DOPAC im präfrontalen Kortex erhöht als im Striatum. Sertindol wirkt effektiver als Haloperidol sowohl auf die Plus- als auch die Minussymptomatik und verursacht weniger EPMS (Zimbroff et al. 1997, Hale et al. 1996). Als unübliche Nebenwirkung wurde unter Sertindol eine Abnahme des Ejakulationsvolumens beschrieben. Aufgrund der noch schwer einzuordnenden QTc-Verlängerung wurde der Vertrieb mit Wirkung vom 27.11.1998 vorest eingestellt. Die empfohlene Tagesdosis zur Behandlung schizophrener Psychosen lag zwischen 12 und 24 mg.

Olanzapin – ein Thienobenzodiazepin – ähnelt stark in seiner chemischen Struktur und seinen pharmakologischen Eigenschaften dem Clozapin (Bymaster et al. 1996). Neben der stärkeren Affinität zu Dopamin- und Serotoninrezeptoren hat Olanzapin auch anti-α1-adrenerge und antihistaminerge Eigenschaften, wodurch sich kreislaufdepressive und sedierende Effekte erklären. Erst unter relativ hohen Dosen (15±5 mg) war Olanzapin dem Haloperidol auch in Hinblick auf die Negativsymptomatik überlegen (Tran et al. 1997), was mit einer Auftretenshäufigkeit von EPMS bei rund 20 % der behandelten Patienten einherging. In Langzeitstudien zeigte Olanzapin eine gute rückfallverhütende Wirkung (Hamilton et al. 1998). Gewichtszunahme und Transaminasenerhöhung müssen in der klinischen Praxis berücksichtigt werden (Fleischhacker 1998). Die empfohlene Tagesdosis liegt zwischen 10 und 20 mg.

Eine Sonderstellung kommt dem ältesten atypischen Neuroleptikum Clozapin zu. *Clozapin* – ein trizyklisches Neuroleptikum aus der Klasse der Dibenzodiazepine – blockiert neben 5-HT-2- und 5-HT-1C-Rezeptoren auch schwach Dopamin-D-2-, vermutlich auch Dopamin-D-4-Rezeptoren. Der mittlere Dosierungsbereich liegt zwischen 75 und 300 mg/Tag (Naber et al. 1999). Bei der Anwendung ergibt sich die besondere Problematik, daß eine Verordnung nur erfolgen kann, wenn der behandelnde Arzt durch ein unterschriebenes Revers sein Einverständnis mit den Richtlinien der kontrollierten Anwendung dokumentiert hat und sich damit zu den notwendigen Blutbildkontrollen verpflichtet. Bei schweren Hirnleistungsstörungen ist besondere Vorsicht geboten (Dose 1999).

Aufgrund der dargestellten Vorteile der „neuen" Neuroleptika gegenüber den klassischen Antipsychotika empfielt die Deutsche Gesellschaft für Psychiatrie, Psychotherapie und Nervenheilkunde in ihren Praxisleitlinien (1998), daß bei Ersterkrankten (damit sind Erwachsene gemeint) der primäre Einsatz von atypischen Antipsychotika (außer Clozapin) in Betracht zu ziehen ist. Einer Monotherapie ist immer Vorzug zu gewähren. Bei hochgradiger Erregung, Angst, Unruhe und gewünschter Schlafinduktion empfiehlt sich die Kombination mit Benzodiazepinen oder niedrig potenten Neuroleptika. Atypika eignen sich neben klassischen Depotneuroleptika auch zur Langzeitbehandlung der Schizophrenie, wobei eine Kontrolle der zu behandelnden Zielsymptomatik, der Response, der Nebenwirkungen und der erreichten Lebensqualität kontinuierlich erfolgten sollte.

Affektpsychosen

Depressionen bei Menschen mit geistiger Behinderung werden analog zu den allgemeinen Therapieempfehlungen behandelt. Im Vordergrund stehen dabei Antidepressiva. Auch wenn diese in der Psychopharmakaprävalenz bei Menschen mit geistiger Behinderung eine untergeordnete Rolle spielen, sollen die medikamentösen Interventionsmöglichkeiten im folgenden kurz besprochen werden. Aufgrund der häufig nicht fachärztlichen (Psychiater, FA für Nervenheilkunde) Versorgung der Menschen mit geistiger Behinderung kann auch gemutmaßt werden, daß depressive und leichte manische Zustände nicht ausreichend erkannt und dementsprechend adäquat behandelt werden.

Imipramin war Mitte der 50er Jahre das erste trizyklische Antidepressivum, dem eine lange Reihe weiterer folgten. Anhand der antidepressiven Eigenschaften des Bluthochducksenkers Reserpin wurde ein Erklärungsmodell für die Wirksamkeit der Senkung der Konzentration von Noradrenalin, Serotonin und Dopamin bei der Depressionsbehandlung erarbeitet. Das Tuberkulostatikum Iproniazid, welches ein potenter Inhibitor des aminabbauenden Enzyms Monoaminooxidase ist, eröffnete den Weg für die MAO-Hemmer als Antidepressiva. Aber insbesondere die MAO-Hemmer büßten wegen ihrer nicht unerheblichen Nebenwirkungen, speziell krisenhafter Blutdruckanstiege, an Bedeutung ein. Doch auch die klinischen Erfahrungen in bezug auf die klassischen Antidepressiva dämpften den anfänglichen Optimismus, da die Responserate nur zwischen 30 und 40 % lag und 60 bis 70 % der Patienten mit erheblichen Nebenwirkungen reagierten (Sperling und Demling 1997). Im Vordergrund stehen hierbei antiadrenerge und anticholinerge Effekte der vegetativ gesteuerten Organsysteme.

Mit der Entwicklung von selektiven Serotonin-Wiederaufnahmehemmern (SSRI) wurde eine neue pharmakologische Ära in der Behandlung der Depressionen eingeleitet. Im Gegensatz zu den tri- und tetrazyklischen Antidepressiva hemmen SSRIs alleine die präsynaptische Wiederaufnahme von Serotonin. Mit Fluoxetin, Paroxetin und Fluvoxamin fanden kurz nach ihrem Erscheinen gleich drei SSRIs Eingang in die Standardtherapie.

Fluoxetin ist ein geradkettiges Phenylpropylaminderivat mit einer Halbwertzeit von 2–7 Tagen, dessen Metabolit Norfluoxetin ebenfalls ein selektiver SSRI ist. Bei einer Nebenwirkungsrate von 20 bis 25 % dominieren Übelkeit, Unruhe und Schlaflosigkeit. Es führt eher zu einer Gewichtsabnahme, birgt das Risiko allergischer Reaktionen in sich und kann Kopfschmerzen, Diarrhö, Schwitzen und Tremor auslösen.

Paroxetin besitzt eine hohe Serotonin-Selektivität in vitro und eine sehr schwache anticholinerge Potenz bei einer Halbwertzeit von ca. 16 Stunden. Somit reicht häufig eine morgendliche Einzeldosis von 20 mg. Es handelt sich um ein wirksames Antidepressivum mit einem breiten Indikationsspektrum bis hin zu Panik- und Zwangsstörungen (Benkert und Hippius 1998). Bei Einhaltung der Dosierungsempfehlungen sistieren die häufig nur in der Anfangsphase auftretende Appetitlosigkeit, Übelkeit und Obstipation.

Fluvoxamin ist ein monozyklischer Aminoethyloximesther mit einer Halbwertzeit von 15 Stunden. Unter Fluvoxamin treten insbesondere in den ersten zwei Behandlungswochen gastrointestinale Störungen und Kopfschmerzen auf. Ansonsten weist es ein ähnliches Nebenwirkungsspektrum wie Fluoxetin auf.

Zu den Serotonin-Wiederaufnahmehemmern der jüngeren Generation zählen unter anderem Sertralin und Citalopram.

Sertralin ist ein Naphthylaminoderivat und zeigt in einer Dosierung von 50 bis maximal 200 mg/Tag einen deutlich antidepressiven Effekt ohne negative Auswirkungen auf die Psychomotorik und die kognitiven Fähigkeiten. In Großbritannien ist es sogar als Phasenprophylaktikum zugelassen (Sperling und Demling 1997). Mögliche Nebenwirkungen entsprechen denen anderer SSRIs.

Citalopram besitzt eine noch spezifischere Serotonin-Wiederaufnahmehemmung und erwies sich in vielen Studien als äußerst wirksam in der Behandlung depressiver Störungen. Bei oraler Applikation liegt die mittlere Dosierung zwischen 20 und 60 mg/Tag (Sperling und Demling 1997). Insbesondere in der Anfangsphase und bei höheren Dosierungen ist mit Nebenwirkungen zu rechnen.

Trotz vieler unerwünschter Nebenwirkungen, die von den Patienten gut toleriert werden, stellen SSRIs aufgrund ihrer geringeren Kardiotoxizität und der zu vernachlässigenden anticholinergen Eigenschaften eine Alternative in der Behandlung von depressiven Störungen sowie Angst-, Zwangs- und Persönlichkeitsstörungen dar. Dennoch sind spezielle Studien in Hinblick auf Wirksamkeit und Verträglichkeit bei Menschen mit geistiger Behinderung erforderlich. Diese Forderung gilt auch für die neuen Antidepressiva wie Nefazodon, Venlafaxin, Mirtazapin und Milnacipran, die selektiv serotonerg oder serotonerg-noradrenerg wirken.

In der Behandlung von Manien sollten vorrangig Phasenprophylaktika (Lithium oder ein Antikonvulsivum) zum Einsatz kommen. Nur bei psychotischen Symptomen ist eine Kombination mit einem Neuroleptikum erforderlich (Dobmeier 1998). Eine engmaschige ambulante Betreuung nebst Einbeziehung des betroffenen Patienten und des Betreuungspersonals vor Ort ist unumgänglich. Bei Nichtgewährleistung ist eine stationäre Einweisung notwendig, wobei wegen der Änderung der Bezugssysteme und der damit verbundenen psychischen Labilisierung bzw. Dekompensation eine sorgfältige Abwägung erfolgen sollte.

Fremdaggressives und selbstverletzendes Verhalten (SVV)

Auto- und fremdaggressives Verhalten bei Menschen mit geistiger Behinderung, wie auch immer verursacht, stellt in seiner Häufigkeit (aggressives Verhalten 62 %, selbstverletzendes Verhalten 25 % [Ballinger et al. 1991], aggressives Verhalten 30–55 %, davon SVV in 10–20 % aller institutionalisierten Betroffenen [Baumeister et al. 1993]) und Dramatik nicht nur eine therapeutische Herausforderung dar, sondern oft auch eine Überforderung, auf die restriktiv, bis hin zu freiheitsentziehenden Maßnahmen, reagiert wird. In solch einem Klima dominieren dann Verwahrung und Schadensbegrenzung pflegerisches Handeln.

Bisherige psychopharmakologische Behandlungen blieben aus pädagogischer Sicht den Beweis ihrer längerfristigen Effizienz hinsichtlich selbstverletzenden Verhaltens schuldig (Mühl und Neukäter 1998), auch wenn einzelne Studien durchaus positive Langzeiteffekte mit klassischen Neuroleptika hinsichtlich der Beeinflussung expansiver Verhaltensstörungen nachweisen konnten (Häßler 1998). Schon in der Metaanalyse von Baumeister et al. 1993 konnte der gesicherte Nachweis einer spezifischen Wirkung von Neuroleptika und Lithium auf rein aggressives Verhalten nicht erbracht werden. Weder Zuclopenthixol noch Atypika fanden aber in der genannten Metaanalyse Berücksichtigung. Deshalb erscheint es relativ unverständlich, wenn 1999 in einer Arbeit über die medikamentöse Behandlung chronisch-aggressiven Verhaltens Lithium als einzig wirksames Medikament bei Intelligenzminderung angeführt wird (Spießl und Cording 1999).

Clarke, der einen Überblick über die neurobiologischen Grundlagen und die Psychopharmakologie schweren selbstverletzenden Verhaltens gibt, kommt zu der Schlußfolgerung: *„Both psychological and pharmacological interventions are of potential benefit for people with self-injury associated with learning disability, and may sometimes be usefully combined"* (Clarke 1998, S. 389). Auch wenn pathogenetisch die Beteiligung dopaminerger, serotonerger und opioider Systeme bei SVV unbestritten ist, handelt es sich um ein multifaktoriell bedingtes Geschehen, welches psychodynamisch gesehen eine nicht zu vernachlässigende Funktion erfüllt (Verhoeven et al. 1999). Letztere unterliegt situativen und interpersonellen Faktoren, weist aber eine relative intrapsychische Stabilität auf (Clarke 1998).

Da klassische D2-Antagonisten nicht dauerhaft effektiv selbstverletzendes Verhalten beeinflussen, wird eher davon ausgegangen, daß primär D1-Rezeptoren blockierende Neuroleptika erfolgreicher wären, die klinisch aber nicht zur Verfügung stehen.

Eine alternative Behandlungsstrategie beruht auf der Opioid-Hypothese, die davon ausgeht, daß SVV die endogene Opioid-Ausschüttung triggert und damit zentrale Belohnungssysteme stimuliert. Gleichzeitig verhindert endogenes Opioid, daß der durch SVV ausgelöste Schmerz hemmend auf das Verhalten wirkt. Eher entspricht unter diesem Blickwinkel das SVV einem suchtähnlichen Verhalten (Sandman et al. 1990). Die Behandlungsalternative besteht somit in der Anwendung von Opioid-Antagonisten (Naltrexon und Naloxon), wobei es kurzzeitig zu einer Verstärkung des SVVs kommen kann (Baumeister et al. 1993).

Wohl wissend um die Unspezifität von Neuroleptika bei der Behandlung von SVV gibt es immer wieder Berichte, die deren Wirksamkeit bestätigen (Baumeister et al. 1993). Insbesondere Zuclopenthixol (s. Tab. 4), ein mittelpotentes Neuroleptikum aus der Thioxanthengruppe mit einem Piperazinring als Seitenkette, erwies sich, insbesondere auch hinsichtlich seiner Langzeitwirkung auf expansive Verhaltensstörungen bei Menschen mit geistiger Behinderung, als äußerst wirksam (Häßler 1998).

Aufgrund der bereits ausführlich erwähnten Vorteile atypischer Neuroleptika und der bereits nachgewiesenen Effektivität in der Behandlung fremd- und autoaggressiven Verhaltens wird deren Einsatz in Zukunft eine große Rolle spielen (Hardan et al. 1996, McDougle et al. 1997, Rubin 1997).

Tabelle 5 gibt eine Übersicht über Studien, bei denen Risperidon zur Behandlung von expansiven Verhaltensstörungen bei Kindern und Erwachsenen mit geistiger Behinderung eingesetzt wurde. McDougle et al. (1998) konnten auch in einer kontrollierten Studie einen signifikanten Rückgang des SVV bei Erwachsenen mit autistischen

Tab. 4: Zuclopenthixol in der Therapie von expansiven Verhaltensstörungen bei Menschen mit geistiger Behinderung

Autor	Anzahl/Alter	Dosis	Effektivität	Nebenwirkungen
Karsten et al. 1981 Zuclopenthixol/ Haldol	n = 100 25,4 J.	34 mg/d	CGI 50 % p< 0,001	Miktionsstörung Müdigkeit Angst EPMS
Izmeth et al. 1988 gegen Placebo	n= 113 18–56 J.	123 mg/w	CGI NOSIE Verbesserung	mehr als Placebo
Singh, Owino1992 gegen Placebo	n = 52		CGI sign. Verbesserung	mehr als Placabo
Malt et al. 1995 gegen Haldol	n = 34 18–60 J.	5,5 mg/d	CGI p < 0,01 SHBS p < 0,001	Müdigkeit

CGI: Clinical Global Impression; SHBS: Schedule for Handicaps, Behavior and Skills

Tab. 5: Risperidon bei tiefgreifenden Entwicklungsstörungen

Autor	Anzahl Alter	Tagesdosis Therapiedauer	Diagnosen	Effektivität	Nebenwirkungen
Simeon et al. 1995	7 11–17 J.	1–4 mg 3–15 M.	F 20-3 F 84-2 F 7-1 F 42-1	Zwang neg. Aggressivität und Hyperaktivität pos.	Müdigkeit 2 EPMS 0
Demb 1996	3 5–10 J.	1–3 mg bis 1 J.	F 84.0	Aggressivität, SVV, Unruhe pos.	Müdigkeit, EPMS, Gewichtszunahme
Hardan et al. 1996	20 8–17 J.	1,5–10 mg bis 16 M.	F 90-12 F 91-12 F 7-16 F 84.0-5	bei 65 % Symptomverbesserung	Gewichtszunahme 3
Fisman, Steele 1996	14 9–17 J.	0,75–1,5 mg 2–14 M.	F 84.0-4 F 84.5-9 F 95-2	PANSS p. 79 % PANSS n. 93 %	Müdigkeit 5
McDougle et al. 1997	18 10–14 J.	0,8–2,8 mg 3 M.	F 84.0-11 F 84.5-3 F 84-4 F 7-14	Y-BOCS 69 % CGI 67 %	Müdigkeit 6 Gewichtszunahme 10
Perry et al. 1997	6 7–14 J.	1–6 mg 1–8 M.	F 84-5	CGI 83 %	Müdigkeit 2 Gewichtszunahme 5
McDougle et al. 1998	14 18–38 J.	1–6 mg 12 W.	F 84	CGI 57 %	Müdigkeit 7 Gewichtszunahme 2

Y-BOCS: Yale-Brown Obsessive Compulsive Scale
PANSS: Positive and Negative Symptoms Scale

Störungen und Entwicklungsstörungen ab der 4. Behandlungswoche, d. h. ab durchschnittlich 7mg/die Risperidon, registrieren.

Eigene Untersuchungen konnten den positiven Effekt von Risperidon auf expansive Verhaltensstörungen, insbesondere SVV, bestätigen (Häßler 1999, s. Tab. 6). Von den 18 mit Risperidon behandelten Erwachsenen mit geistiger Behinderung wiesen 15 im mehrfach protokollierten DAS (disability assessment schedule [Holmes et al. 1982]) über einen Zeitraum von durchschnittlich einem Jahr eine deutliche Symptomreduktion hinsichtlich expansiver Merkmale auf. Darunter waren drei schwerst intelligenzgeminderte Erwachsene mit erheblichem SVV. Bereits ab einer Dosierung von 3mg/Tag Risperidon kam es zur Symptomreduktion, so daß sich gerichtlich genehmigte freiheitsentziehende Maßnahmen erübrigten. Der Dosierungsbereich in der Langzeitbehandlung lag zwischen 1 und 6 mg/d. EPMS wurden in einem Fall beobachtet. Außer Gewichtszunahmen in drei Fällen (unter 10 % des Ausgangsgewichtes), die mit diätetischer Gegensteuerung gut toleriert wurden, traten keine weiteren Nebenwirkungen auf, wenn man von zwei Fällen mit Ermüdungserscheinungen absieht.

Risperidon, ein „atypisches“ Neuroleptikum, reduziert bei geringer Nebenwirkungsrate effektiv aggressives Verhalten bei erhaltenen bzw. verbesserten kognitiven Fähigkeiten, ohne sich negativ auf die Aktivität auszuwirken.

Repetitives stereotypes Verhalten

Stereotypes Verhalten tritt mit einer von 34 bis 67 % reichenden Prävalenz bei Menschen mit geistiger Behinderung auf (Baumeister et al. 1993). Als Problem stellt es sich insbesondere dadurch dar, daß die Interaktion mit der Umwelt reduziert und das Erlernen sozial erwünschter und effektiver Verhaltensmuster erschwert wird. Da wiederum stereotypes Verhalten durch das dopaminerge Neurotransmittersystem getriggert wird, kommen Neuroleptika in der Behandlung eine exponierte Bedeutung zu. Sechs von neun Studien fanden, daß Neuroleptika selektiv stereotypes Verhalten unterdrükken (Baumeister et al. 1993). Bei der Wahl des Neuroleptikums ist unbedingt darauf zu achten, daß der zu erzielende Effekt nicht durch Sedierung erreicht wird und die optimale Dosierung durch langsame Auftitrierung gefunden werden sollte. Insofern bieten sich auch hier „Atypika“ hinsichtlich dieser Indikation an.

Tab. 6: Änderungen im DAS unter *Zuclopenthixol (n = 10)* und **Risperidon (n = 18)**

Veränderung	**Aggressivität**				**Hyperaktivität**
	gegen Personen	**gegen Gegenstände**	**verbal**	**SVV**	
1:3	*6*/**4**	**4**	**3**	**5**	*5*/**0**
1:2	*1*/**3**	**2**	**1**	**5**	*1*/**7**
2:3	*3*/**4**	**2**	**2**	**0**	*4*/**1**
=	*0*/**6**	**6**	**6**	**8**	*0*/**8**
schlechter	*0*/**1**	**2**	**6**	**0**	*0*/**2**

Nichtmedikamentöse Behandlungsansätze

Menschen mit geistiger Behinderung, die in ihrer Ichfunktion, ihren Sozialisationsmustern und damit in ihrer Teilhabe am gesellschaftlichen Leben eingeschränkt sind, bedürfen in erster Linie der orientierenden Unterstützung, Betreuung, Förderung und oft auch psychotherapeutischer Interventionen, wobei das Spektrum von sozial-, über verhaltens-, ergo- bis hin zu kreativtherapeutischen Ansätzen reicht und im Einzelfall auch tiefenpsychologisch oder analytisch ausgerichtet sein kann und muß.

Strukturelle Betreuung, Förderung und Therapie müssen einerseits die individuellen Voraussetzungen und Bedürfnisse und andererseits die psychosozialen und zwischenmenschlichen Umstände berücksichtigen. Dazu bedarf es einer interdisziplinären Kooperation, in der dogmatische Schulmeinungen eher kontraproduktiv sind. Unser aller Bestreben sollte sich nicht nur auf die Verminderung bzw. Vermeidung von Behinderung konzentrieren, sondern auch Raum für deren Akzeptanz lassen. Viele Bemühungen der Heilpädagogik und der Medizin orientieren sich allzu oft noch an der Norm, wobei deren Definition dahingestellt bleibt, und an den Wertmaßstäben Gesunder. Gaedt (1995) sieht in der Anpassung sozialer Strukturen an die individuellen Fähigkeiten (strukturelle Unterstützung) eine überdenkenswerte Lösungsvariante, wenn alle Bestrebungen in der Betreuung und Förderung nicht zu der erhofften Entwicklung und angestrebten Autonomie führen. Nichtpharmakotherapeutisch ausgerichtete Behandlungsansätze implizieren die Chance einer Medikamentenreduktion oder -freiheit.

Sonder- und Heilpädagogik

In erster Linie kommt es auf die Lebens- und Entwicklungsbedürfnisse individueller Menschen an, wobei die Tendenz weg von einer defizit- und hin zu einer entwicklungsorientierten Sichtweise geht. Dabei stellen Wohnen, Freizeit und Arbeit (Beschäftigung) die jeweiligen Lebensfelder dar, die wiederum nicht ohne Einfluß auf das situative und persistierende individuelle Verhalten sind. In ein Gesamtbetreuungskonzept sollten somit institutskritische Reflexionen, auch in bezug auf Beziehungsqualitäten, einfließen.

Förderung basiert sowohl auf pädagogischen Konzepten als auch auf Anteilen, die in der Förderpflege realisiert werden. Theunissen (1986) wendet die Erkenntnisse einer basalen Pädagogik auf die Bereiche der Förderpflege und der ästhetischen Erziehung bei schwerst geistig Behinderten an (s. Tab. 7).

Je nach Bedarf lassen sich die Ansätze der basalen Pädagogik um spielerisch kreative, sensomotorische und logopädische Förderung erweitern bzw. ergänzen. Als ein Grundprinzip gilt, daß Maßnahmen um so effektiver sind, je eher sie einsetzen. Damit beugt man dem Einschleifen inadäquater Verhaltensmuster vor, vermittelt positive Lernerfahrungen und gibt sowohl den Eltern als auch dem betroffenen Kind das Gefühl einer kompetenten Unterstützung. Angepaßt an Alter und Entwicklungsstand sollten also so früh wie möglich Fördermaßnahmen und Früherziehung in enger Kooperation

Tab. 7: Basale Pädagogik

basale Stimulation	der Sinnesempfindungen, der Motorik	Entfaltung der Wahrnehmungsmöglichkeiten, der sinnlichen Erkenntnis	Kreativtherapie, Ergotherapie
Basiskommunikation	intensive Zuwendung, Körperkontakt, nonverbale Kommunikation, Sprache	Selbsterfahrung, Sozialerfahrung, emotionale Fundierung, Beziehungsgestaltung	Bewegungstherapie, Snoozeln

mit den Eltern nach entsprechender Aufklärung zum Zuge kommen. Lernziele, die den individuellen Voraussetzungen des Behinderten und den Sozialisationsbedingungen in seiner Familie bzw. seinem Umfeld Rechnung tragen, sollten sich auf alle Lernfelder, wie Häuslichkeit/Familie, Institution, Schule, Fördereinrichtung, Freizeit/Spiel, erstrecken, um Handlungs- und Alltagsbezogenheit zu garantieren. In einem Gesamtbehandlungsplan muß auch die künftige Lebensgestaltung berücksichtigt werden. Eine Hierarchisierung der angestrebten Lernziele wird dabei unumgänglich sein. Von Aster (1993) betont den Aspekt des Neulernens, wozu das Kind oder auch der ältere geistig Behinderte der Anleitung und Hilfestellung bedürfen. Zahlreiche Lernprogramme beziehen sich auf Selbsthilfefertigkeiten, Eßverhalten, Konzentration, einfache und komplexe soziale Fähigkeiten, Sprache, Sexualität u. a. m. Psychotherapeutische Bemühungen zielen dagegen auf die Behandlung von psychopathologischen Symptomen und Verhaltensstörungen, von denen aggressives selbstverletzendes sowie stereotypes und destruktives Verhalten die höchsten Prävalenzraten aufweisen.

Verhaltenstherapie

In der Praxis sind die durchaus berechtigten, meistens theoretisch begründeten Unterschiede zwischen sonderpädagogisch geprägtem Neulernen und verhaltenstherapeutisch ausgerichtetem Umlernen bzw. Verlernen (Verhaltensmodifikation) von geringer Relevanz, da es einerseits fließende Übergänge gibt, pädagogisches Handeln kann auch therapeutisch sein, wenn es um das Neulernen alternativer Verhaltensmuster bei Stereotypien und fremd- bzw. autoaggressiven Tendenzen geht, und andererseits sowohl pädagogische als auch therapeutische Arbeitstechniken auf lerntheoretischen Gesetzen des klassischen und operanten Konditionierens basieren.

Verhaltenstherapie ist jedoch nicht nur Verhaltensmodifikation, sondern wie Psychotherapie allgemein eine „methodische Entwicklung, Strukturierung und Handhabung einer Beziehung, um psychische Schwierigkeiten, Konflikte und Störungen zu verringern oder zu beseitigen“ (Došen 1997). Verhaltenstherapie stellt heute eine Psychotherapierichtung dar, die sich nicht mehr nur auf das äußerlich beobachtbare Verhalten bezieht, sondern physiologische, emotional-subjektive, motivational-affektive, kognitive und verbal-kognitive Manifestationen mit einschließt (Braun, Tittelbach 1978) und über Selbststeuerung, Selbstkontrolle und Selbstbehandlung den Menschen als reflexives und aktives Subjekt betrachtet (DGVT 1990).

Insbesondere bei leichter geistig behinderten Menschen kann verhaltenstherapeutische Behandlung im Sinne einer Psychotherapie sinnvoll sein, wenn der Patient in der Lage ist, sich auf eine unterstützende Beziehung einzulassen, eine zumindest minimale Motivation zur Verhaltensänderung zeigt und wenn folgende Besonderheiten Berücksichtigung finden:

- der Therapeut arbeitet strukturierend und zeigt Grenzen auf,
- er bemüht sich um die Bearbeitung des „Hier und Jetzt“,
- er akzeptiert den Patienten vorurteilsfrei (was nicht heißt, daß jedes Verhalten akzeptiert werden muß),
- er verhält sich direktiv, oft re-edukativ sowie ausdrucksfördernd,
- die Interaktion zwischen Therapeut und Patient muß zu einer guten und affektiv positiven Beziehung führen,
- die Interaktion muß über für den Patienten akzeptable Kommunikationskanäle laufen,
- die Therapie setzt auf dem kognitiven Niveau des Patienten an,
- die Therapie richtet sich nach der psychischen Belastbarkeit des Patienten,
- die Frequenz der Sitzungen ist wegen der geringen Lernfähigkeit geistig Behinderter höher als bei normalen Patienten (Došen 1997).

Als Grundlagen des Verhaltensaufbaus sind Trainingsprogramme lebenspraktischer Fertigkeiten in Hinblick auf eine biologisch erklärbare Entwicklungsstimulation anzusehen.

Die strukturellen Voraussetzungen der entwicklungsabhängigen Hirnreifung lassen sich mit der Kernspintomographie (KST) aufzeigen.

Im T1 wird die Prämyelinisierung, d. h. die Vermehrung der Oligodendrozyten und die gesteigerte Synthese von Myelinvorläuferproteinen und -lipiden, abgebildet, während die Signalabnahme im T2 der Formation und Verdichtung der Membranentwicklung um die Axone zugeschrieben wird (Staudt et al. 1995). Wissend um diese Unterschiede zeigt die KST, daß die Markscheidenreifung bereits im dritten Trimenon beginnt und von infra- nach supratentoriell fortschreitet, so daß bei Geburt bereits Rückenmark, Medulla oblongata, dorsale Brücke und Teile des Kleinhirns größtenteils myelinisiert sind. Im Großhirn erfolgt die Myelinisierung von zentral nach peripher, wobei die Myelinisierung sensorischer Fasersysteme eher als die motorischer Bahnsysteme nachzuweisen ist (Grodd, Krägeloh-Mann 1993). Die ersten beiden Lebensjahre stellen den wichtigsten Zeitabschnitt für die Myelinisierung des Gehirns dar (Skuse et al. 1994). Doch neben der Markscheidenreifung spielt die neuronale Spezifität, unterteilt in Regions-, Ziel- und Schichtenspezifität für die entwicklungsabhängige Funktionalität des Gehirn eine große Rolle (Frotscher, Heimrich 1995).

Während anfänglich die genetische Programmierung (intrinsic factor) in diesem Prozeß dominiert, werden mit fortschreitender Entwicklung das Auswachsen von neuronalen Fortsätzen und die Herausbildung synaptischer Kontakte von äußeren Faktoren (extrinsic factors) bestimmt bzw. beeinflußt, die zu einem der Zweckmäßigkeit gehorchenden „benutzungsabhängigen“ Umbauprozeß („experience-dependent plasticity“) führen, was durch die bahnbrechenden Arbeiten der Nobelpreisträger Hubel und Wiesel nachgewiesen wurde. In dem Moment, wo die Nervenzellen mit der Expression von Rezeptorstrukturen und der Synthese von Neurotransmittern beginnen, die wiederum selbst eine eigene Dynamik in den Etappen der Hirnreifung aufweisen, indem sie unter anderem die Signalübertragung, das Wachstum, die Ausdifferenzierung ebenso wie die Regression bis hin zum Zelltod und der Eliminierung überflüssiger Verbindungen regulieren, verlagert sich der Schwerpunkt der Entwicklung hin zu zellulären und subzellulären Strukturen (Retz et al. 1996).

Somit zielen Stimulation, Training, Lernen am Modell etc. auf die benutzungsabhängige Hirnreifung und -entwicklung ab. Da das Gehirn nur in sensitiven Entwicklungsphasen auf entsprechende Außenreize mit synaptischen Verschaltungen nach dem Prinzip des Gebrauchtwerdens reagiert, kommt es auf ein möglichst frühes Einsetzen adäquater Förderung an.

Zielsetzungen der Stimulation erstrecken sich von der Formung simpler motorischer Schemata über Kognition, Sprache, Sprechen, Sozialisation bis hin zur Persönlichkeit. Neben dem Grundprinzip der Frühförderung sollten auch die Eltern bzw. andere nahe Bezugspersonen in die Trainingsprogramme involviert sein, um die Akzeptanz des betroffenen Kindes zu erhöhen und die Übungen im häuslichen Alltag fortführen zu können. Ein planerisches, zielorientiertes, strukturiertes und direktives Vorgehen erscheint am effektivsten. Dazu bedarf es als Grundvoraussetzung einer Bedingungsanalyse und einer sorgfältigen Diagnostik.

Einfache Techniken der positiven Verstärkung stehen im Vordergrund des Trainings lebenspraktischer und sozialkommunikativer Fertigkeiten, wie An- und Ausziehen, Essen und Trinken, Körperhygiene, Ausscheidungsfunktionen, Aufräumen, Telefonieren, Erkennen der Uhrzeit, Einkaufen, Umgang mit Geld, Orientierung im Straßenverkehr etc. Dazu dienen folgende verhaltenstherapeutische Inventare:

- Formung von Verhalten (shaping); da komplexe Handlungsweisen von schwer geistig Behinderten nicht ausgeübt werden können, müssen diese in Einzelschritte zerlegt und dementsprechend separat verstärkt werden.
- Sukzessive werden Verstärkungen von erlernten Einzelschritten weggelassen und kommen nur noch bei erlernter Folge von aufeinander bezogenen Verhaltensschritten zum Einsatz (chaining).
- Führen beim Ausführen angestrebter Reaktionen (prompting); hierbei wird die eigenständige Wiederholung der gewünschten Reaktion verstärkt, nachdem der primär verstärkte Führungsvorgang das Reaktionsmuster gebahnt hat.
- Ähnlich dem prompting ist das Lernen am Modell aufgebaut. Da schwer geistig Behinderte beim Imitieren Probleme haben, kommt es in erster Linie auf die Beziehung und Nähe zur „Modellperson" und dann auf die Intensität bzw. Frequenz des Nachahmens an.
- Häufig treten gelernte (konditionierte) Verhaltensmuster nur unter den Bedingungen auf, unter denen sie verstärkt wurden. Die gelernten Verhaltensweisen müssen schrittweise auf andere Situationen ausgedehnt, d. h. generalisiert werden.
- Als höhere Stufe des Trainings ist das Unterscheidungslernen einzuschätzen, da es hier bereits um die Differenzierungsfähigkeit geht, ob und wann ein gelerntes Verhalten sinnvoll bzw. erwünscht ist.

Materielle Verstärker, wie Geschenke, Geld und Süßigkeiten werden sukzessive durch soziale Verstärker (Zuwendung und Lob) ersetzt. Grundprinzip sollte sein, daß die

Verstärkung unmittelbar im Anschluß an die erwünschte bzw. gelernte Handlung erfolgt und die verstärkende Person empathisch reagiert. Da eine unmittelbare Verabreichung bzw. Realisierung von Verstärkern nicht immer möglich ist, können Ersatzverstärker, sogenannte Tokens, eingesetzt werden. Eine überschaubare und konsequente Ersatzverstärkung nach einem vorher festgelegten Plan schafft die Voraussetzungen für die notwendige Effizienz. Letztendlich läuft das Sammeln von Tokens auch auf eine materielle oder soziale Verstärkung hinaus. Ein ohne Anteilnahme ablaufender automatisierter Verstärkungsvorgang verliert jedoch seine Wirkung und kann zu einem Rückfall in bereits ausgeschliffene bzw. abgelegte Verhaltensweisen führen.

Als mehr psychotherapeutisch ist das Verlernen bzw. Umlernen von Problemverhalten anzusehen, die einem Neulernen häufig im Wege stehen und sowohl die individuelle Lebensqualität als auch das Zusammenleben gravierend beeinträchtigen.

Hierbei kommen neben o. g. verhaltenstherapeutischen Techniken auch aversive Verfahren zur Anwendung (von Aster 1993, Kehrer 1997). Diese lassen sich in rein negative Verstärker (Strafe, elektrische Schmerzreize, aversive Gerüche etc.) und das Abbrechen bzw. Ausbleiben von positiven Verstärkern unterteilen.

Auch sogenannte Korrekturverfahren (over-correction) lassen sich den negativen Verstärkern zurechnen, wenn unangenehme Wiederherstellungshandlungen (Auswaschen verschmutzter Unterwäsche bei Enuresis oder Enkopresis, Aufwischen und Saubermachen bei selbstinduziertem Erbrechen) zur Verminderung der störenden Verhaltensmuster eingesetzt werden.

Als dritte Kategorie der negativen Verstärker fungieren Ausschlußverfahren (time out), zu denen auch Sichtblockaden gehören.

Korrektur- und Ausschlußverfahren haben in jüngster Zeit hochaversive Techniken weitestgehend ersetzt. Eine Kombination mit nicht aversiven Verfahren und positiver Verstärkung ist einer alleinigen Bestrafung vorzuziehen. Strafen sollten, wenn sie unvermeidbar sind, nur unter klarer Indikation, strenger Kontrolle, in unmittelbarem Zusammenhang mit störenden Verhaltenssequenzen, konsequent und unter der Garantie einer sich daraus ergebenden Lernmöglichkeit angewandt werden. Blair (1992) beobachtete sogar eine Zunahme des bestraften Verhaltens. Strafen dürfen auf gar keinen Fall unzureichende personelle, räumliche und materielle Bedingungen kompensieren. Um eine klare Indikationsstellung zu gewährleisten, muß das Pflege- und Erziehungspersonal nicht nur geschult sein und werden, sondern auch supervidiert werden, was leider noch zu den Ausnahmen in Betreuungseinrichtungen zählt.

Ergeben sich in der Bedingungsanalyse von stereotypem bzw. selbstverletzendem Verhalten regelmäßig vorausgehende Situationen, kann neben der Veränderung dieser triggernden Situationen auch eine Stimuluskontrolle zur Korrektur beitragen. Unter Stimuluskontrolle versteht man eine dosierte Reizexposition, die toleriert wird und sukzessive unter verhaltenstherapeutischen Interventionen erhöht werden kann. Eine weitere Technik ist die der Reaktionsverhinderung, die sich insbesondere bei zwanghaftem Verhalten bewährt hat. Die Reaktion auf einen Reiz wird durch Zuwendung, Ablenkung, Spiel, Sport oder Kreativtherapie hinausgezögert, bis der eingeschliffene Reiz-Reaktions-Zusammenhang gelöscht ist.

Auch eine Umlenkung in tolerierbare alternative Verhaltensweisen gehört zum verhaltenstherapeutischen Inventar. Aggressivität, die gegen andere oder sich selbst gerichtet wird, darf an gefahrlosen Objekten, wie Sandsäcken, Kissen, Knautschtieren etc., ausagiert werden. Körperliche Aktivierung, bis hin zur Ermüdung, kann aggressives Verhalten vorbeugend verhindern bzw. in seiner Intensität mindern.

Benson (1985) entwickelte ein sogenanntes „anger management training", mit dessen Hilfe die Patienten die Kontrolle über aggressive Gefühle und Handlungen erlernen. Ein sowohl für Einzel- als auch Gruppentherapie ausgearbeitetes Programm umfaßt folgende Teile:

- Identifikation von Gefühlen; die Patienten lernen bei sich und anderen drei Gefühle (Glück, Ärger, Bosheit) zu unterscheiden.
- Entspannungsübungen zum Abbau psychischer Spannungen über Muskelentspannung.
- Autosuggestion: der Patient bedient sich bestimmter Denkformeln, die ihm bei der Kontrolle bestimmter stressender Situationen behilflich sein können.
- Problemlösung: praktische Übungen in gespielten und konkreten Situationen (Došen 1997).

Auch zum Training sozial erwünschter Verhaltensweisen wurden verschiedene Programme entwickelt. Weiterhin existieren Erfahrungen in der Anwendung der rational-emotiven Therapie (R.E.T.) bei geistig behinderten Menschen (Schneider 1989), wobei die Entwicklung von Selbstakzeptanz und Selbstwert sowie der Selbstkommunikation im Vordergrund steht. Um ein positives Selbstbild zu entwickeln, richtet sich die Aufmerksamkeit auf die positiven Aspekte und Kompetenzen der Person. Die Entwicklung der Selbstkommunikation beinhaltet das Bewußtmachen einer inneren Sprache und das schrittweise Verbalisieren von Gefühlen, um eine bessere Kontrolle zu erreichen. Nach Schneider ist die R.E.T., die wöchentlich in der Gruppensituation stattfindet, indiziert bei leicht geistig Behinderten mit depressiven Zuständen, Borderline-Patienten, Impulskontrollstörungen sowie bei Problemen des Selbstbewußtseins und der sozialen Interaktion, die eine existenzielle Krise auslösen.

Došen (1997) hat in Anlehnung an Allen (1942) und Moustakes (1959) eine entwicklungsdynamisch orientierte Beziehungstherapie konzipiert, in der die Herausbildung einer positiven affektiven Bindung zwischen Therapeut und Patient im Vordergrund steht. Dabei werden nicht emotionale Konflikte des Patienten aus der Vergangenheit aufgedeckt, damit dieser sie vielleicht verarbeiten kann, sondern die Therapie setzt an den aktuellen Erfahrungen des Patienten in der Therapiesituation an. Der Therapeut bleibt während der gesamten Therapie in einer vertraulichen Beziehung zum Patienten und löst die wesentlichen Probleme mit ihm zusammen. In der Beziehungstherapie kann der Therapeut auch ein speziell trainierter Gruppenleiter oder eine enge Betreuungsperson sein, die von einem Psychotherapeuten supervidiert wird. Diese Form der Therapie erfolgt im jeweils konkreten Lebensraum des Patienten. Die Behandlung verläuft in drei Phasen:

1. Das Verhalten des Patienten wird von der Gruppe akzeptiert, Symptome werden nicht bekämpft, sondern nach Möglichkeit als Bestandteil der gesamten Persönlichkeit angenommen. Es wird nach Wegen für eine angenehme Kommunikation gesucht.
2. In dieser Phase beginnt der Aufbau einer positiven Beziehung zwischen Therapeut und Patient. Der Therapeut versucht anfangs auf alle gezeigten Verhaltensweisen

positiv zu reagieren, um ein Gefühl allumfassender Akzeptanz zu vermitteln. Durch dieses Gefühl wird der Patient schrittweise die kommunikative Initiative übernehmen und seine Bedürfnisse artikulieren.
3. Der Therapeut versucht aufgrund der positiven Atmosphäre fixiertes Problemverhalten zu lösen und durch ein sozial positiveres zu ersetzen. In dieser Phase wird sehr stark mit positiven und negativen Verstärkern gearbeitet, gleichzeitig erhält der Patient soziale Bestätigung durch die Gruppe, die ihn zum weiteren Erlernen sozialer Verhaltensweisen anregt.

Die mittlere Behandlungsdauer beträgt etwas sechs Monate. Der Patient sollte im Verlauf dieser Therapie immer ein vertrautes Umfeld sowie möglichst unveränderte Strukturen hinsichtlich des Personals und im Tagesablauf vorfinden. Die Beziehungstherapie wiederholt und fördert emotionale Entwicklungsphasen, wie sie auch jedes normal begabte Kind durchläuft. Beispielhaft setzt verbale Kommunikation bei einem kontaktgestörten Kind zunächst körperlichen Kontakt voraus.

Ein weiteres Problemverhalten bei Menschen mit geistiger Behinderung stellen sogenannte Distanzstörungen dar, die durch enthemmtes Kontaktverhalten (Dilling et al. 1993) und gleichzeitig fehlende Fremdenangst charakterisiert sind. Auch hier erweisen sich verhaltenstherapeutische Techniken als sehr hilfreich. Nach Süss-Burghart (1997) wurde mit einem kognitiven Diskriminationstraining begonnen, „bekannte“ von „fremden“ Erwachsenen zu unterscheiden, wofür u. a. auch Szenenbilder verwendet wurden. Mit einer In-vivo-Therapie wurde diese Unterscheidung in Alltagssituationen geübt und richtige Reaktionen (Kontaktaufnahme bei „bekannten“ Personen, Kontaktabwendung bei „fremden“ Personen) sofort sozial und materiell verstärkt. Fehler führten zu einem Time-out. Damit konnte distanzloses Verhalten völlig abgebaut werden. Geistig behinderte Menschen werden auch aufgrund mangelnden Distanzverhaltens häufig Opfer sexuellen Mißbrauchs.

Fallbeispiel: Christian, das erste von zwei Kindern sehr bemühter und intellektuell differenzierter Eltern, hatte sich nach komplikationsloser Schwangerschaft und Geburt bereits frühkindlich verzögert entwickelt und war den Eltern schon im Säuglingsalter durch Bewegungsarmut aufgefallen. Bis zum dritten Lebensjahr von der Großmutter mütterlicherseits betreut, besuchte der Junge anschließend einen normalen Kindergarten, wo der beobachtete allgemeine Entwicklungsrückstand erstmals Anlaß für eine kinderpsychiatrische/-psychologische Diagnostik gab, infolge derer eine Debilität im Rahmen einer allgemeinen psychomotorischen Retardierung bei Zustand nach frühkindlicher Hirnschädigung unbekannten Zeitpunktes diagnostiziert wurde. Mit fünf Jahren lag in psychisch-geistiger Hinsicht ein allgemeiner Entwicklungsrückstand von anderthalb Jahren vor. Christian zeigte sich aufgeschlossen, mitteilungsbereit, spielinteressiert und lenkbar, jedoch in seiner Auffassungsgabe eingeschränkt. Sprachlich fanden sich eine ausgeprägte Dyslalie und ein Agrammatismus.

Von diesem Zeitpunkt an wurde der Junge im Vorschulteil einer Lernbehinderten-Schule gezielt gefördert. Gleichzeitig bemühten sich die Eltern um eine intensive Sprachtherapie, welche auch das Erlernen der Gebärdensprache sowie motorische Übungsbehandlungen einschloß. Mit sieben Jahren in die Lernbehinderten-Schule eingeschult, wurde anfangs wieder die Ausschulung erwogen, da sich der Lernzuwachs als zu gering erwies. Fortgesetzte intensive Förderung im sprachlichen und schriftsprachlichen Bereich, unterstützt durch lustbetonte Aktivitäten wie Klavier spielen und das permanente Vertrautmachen mit alltäglichen Anforderungen zur Entwicklung der Selbständigkeit, führten zu einer beeindruckenden Stabilisierung des Leistungsvermögens.

Christian lernte Lesen und Schreiben sowie den Umgang mit Mengen insoweit, daß Alltagsbewältigung gelingen konnte. Obwohl jährliche psychologische Entwicklungskontrollen inzwischen eine leichte bis mittelgradige geistige Behinderung (nach ICD-10) diagnostizierten, konnte der Junge die Lernbehinderten-Schule erfolgreich abschließen.

Christian zeigte sich vom Verhalten her immer sehr angepaßt, ruhig, ausgesprochen harmoniebedürftig und kam allen Anforderungen sehr willig nach. Ohne stimulierende Forderung von außen verhielt er sich jedoch antriebsarm und ließ kaum Spontaneität erkennen.

Die deutlich über den formal-intellektuellen Möglichkeiten liegende Schulbewährung des Jungen erschwerte den Eltern die realistische Einschätzung seiner produktiven Fähigkeiten.

Langsames Tempo in der Informationsaufnahme und -verarbeitung, mangelhafte sprachliche Ausdrucksfähigkeit und ausgeprägte Umstellungsschwierigkeiten führten in neuen, ungewohnten Situationen zu einer emotionalen Verunsicherung bis hin zur Sprachhemmung infolge affektiver Blockierung.

Dies wurde der Mutter erst sehr drastisch bewußt, als Christian im Alter von 13 Jahren auf dem Schulweg zu einem unbekannten Mann ins Auto stieg, mit diesem mitfuhr und von ihm sexuell mißbraucht wurde. Die nachhaltige emotionale Reaktion der Mutter auf dieses Ereignis führte bei dem Jungen zur Herausbildung sozialphobischer Symptome (Angst vor dem Schulweg, Angst wieder angesprochen zu werden), die einer verhaltenstherapeutischen Behandlung bedurften. Unter Einbeziehung bereits dargestellter Diskriminationstechniken wurde Distanzverhalten entwickelt und im Rollenspiel „Nein-Sagen“ unter wechselnden situativen Bedingungen geübt. Darunter wurde völlige Symptomfreiheit erreicht.

Kein Verfahren allein wirkt spezifisch, und neben der Psychopharmakotherapie und den bereits etablierten Lernprogrammen, Trainingstechniken sowie verhaltenstherapeutischen Behandlungsansätzen eröffnen sich mit kreativtherapeutischen Zugängen neue vielversprechende Möglichkeiten.

Kreativtherapien

Gerade Menschen mit geistiger Behinderung haben aufgrund individueller und/oder institutioneller Gründe eine brachliegende oder verschüttete Kreativität. Pflegerische Maßnahmen bestimmen weitestgehend betreuerische Aktivitäten, was einer Aufbewahrung näherkommt als einer entwicklungsfördernden Atmosphäre. Um den von Essenszeiten dominierten Alltag zu durchbrechen und ihn um ein Stück Lebensqualität zu erweitern, eignen sich besonders kreativtherapeutische Ansätze, da sie jeder individuellen Voraussetzung angepaßt werden können.

Kreativtherapie umfaßt verschiedene Gebiete, in denen der einzigartige, individuelle kreative Prozeß, der gekennzeichnet ist durch die Widerspiegelung und die Auseinandersetzung mit der Realität, therapeutisch, d. h. zur Veränderung in Hinblick auf ein bestimmtes zu erreichendes Ziel, genutzt wird. Zu diesen Gebieten gehören Kunst, Drama/Theater, Spiel, Musik und Tanz. Es kommt dabei nicht immer und vor allem nicht vordergründig auf Verhaltensänderung, sondern auch auf Bewußtmachung und kognitive Umstrukturierung des Erlebten an. Kreativität darf nicht mit Kunst gleichgesetzt werden und nicht Kunst als Ziel haben, auch wenn künstlerische und ästhetische Elemente einfließen. In Abwandlung eines Ausspruches Gregors des Großen kann man davon ausgehen, daß Bilder, Musik und Bewegung die Worte derer sind, die nicht oder nur eingeschränkt sprechen können (Häßler 1996). Auch wenn Kreativtherapien somit eine wichtige Funktion im Gesamtbehandlungsspektrum von Menschen mit geistiger Behinderung zukommt, sind Informationen aus anderen Therapien und dem Alltag unerläßlich für eine globale Veränderungseinschätzung.

Im folgenden sollen einzelne kreativtherapeutische Richtungen näher vorgestellt werden.

Kunsttherapie

In der Kunsttherapie geht es um den Einsatz von bildnerischem Material: Bleistift und Papier, Tinte, Farbe, Holz, Metall, Ton etc., d. h. Material mit dem man sich ausdrükken kann, indem man damit Formen gestaltet. Materialgebrauch und Formgebung stehen in unmittelbarem Zusammenhang mit dem Akteur, seinen Fähigkeiten und Fertigkeiten, seiner Stimmung, seinen Konflikten u. a. m. Mit dem Arbeiten entsteht ein individuell geprägtes, manchmal verzerrtes Bild von der Realität.

In der Auseinandersetzung mit unseren inneren Bildmanifestationen sollten wir uns selbst und andere kennenlernen. Somit geht es in der Kunsttherapie um einen innerpsychischen und sich sinneshaft wie psychomotorisch auswirkenden Formbildungs- und Gestaltungsvorgang, der sich in der bildnerischen Formdynamik eines ästhetischen Mediums spiegelt und der innere wie äußere Lebensverhältnisse abbildet, so daß diese, sofern sie Leiden verursachen, bearbeitbar und zentrierbar sind (Menzen 1995). Bilder und Skulpturen sind nicht nur Indikatoren für psychische und/oder somatische Leiden, sondern auch ein Abbild der facettenreichen Persönlichkeit ihres Schöpfers. Sie demonstrieren neben Wunden, Befindlichkeiten, Gefühlskonstellationen, körperhaften und mentalen Verunsicherungen, Zerrüttungen, Wünschen, Sehnsüchten, Einsichten, Entwicklungen und Beziehungen (Häßler 1996) auch Fähigkeiten und Fertigkeiten bzw. Defizite.

Brems (1993) schrieb der Kunsttherapie drei Funktionen zu, eine diagnostische, eine therapeutische und die der Bewußtmachung.

1. Diagnostische Funktion
   - zur Konflikterkennung
   - zur Trieb- und Affektanalyse
   - zur Persönlichkeitsdiagnostik
   - zur Entwicklungsstanddiagnostik
   - zur Therapieplanung

  - zur Prozeßeinschätzung psychotherapeutischer und pädagogischer Interventionen
  - zur Evaluierung der Therapieeffektivität
2. Bewußtmachung
  - Raum für freie Affekt- und Triebäußerungen
  - Provokation von Affekten und verdrängten Konflikten
  - abwehrfreie Aufarbeitung von Erlebtem
  - kreative Expression antizipierter Ereignisse
  - Bahnung einer tragfähigen therapeutischen Beziehung
  - Öffnung zum Dialog
3. Therapeutische Funktion
  - Begünstigung nonverbaler Ausdrucksmöglichkeiten
  - Erlernen von Fähigkeiten, u. a. Motorik, Ausdauer, Konzentration
  - Steigerung bzw. Stärkung des Selbstvertrauens und des Selbstbewußtseins
  - Begünstigung kreativer Problemlösungsstrategien
  - Förderung von Introspektions- und Reflexionsfähigkeit
  - Schaffung von Bedingungen für Begegnung und Beziehungsaufnahme
  - Training von Teilleistungsstörungen

Gegenüber anderen Therapien besitzt Kunsttherapie durch die geschaffenen Produkte den Vorteil einer objektiveren Prozeßbeurteilung, der wiederholbaren Identifikation mit der eigenen Kreativität bzw. Leistung und damit der vorzeigbaren Selbstbestätigung und Selbstaufwertung. Nicht selten ist „Kunst" die Brücke in die außerinstitutionelle Welt, ein integrierendes Medium, durch welches Aufmerksamkeit und Verständnis erzielt werden können.

Tretter berichtete 1995, daß durch den Einsatz von Kunsttherapie unter anderem eine Reduktion der Medikamentendosis, ein prosoziales Verhalten im unmittelbaren Anschluß an die Kunstprojekte, eine Abnahme des mittleren Aggressionsniveaus, mehr Eigeninitiative und eine psychische Stabilisierung erzielt werden konnten. Alle diese Wirkeffekte lassen sich auch uneingeschränkt als Ziele in der Betreuung und Behandlung von Menschen mit geistiger Behinderung formulieren.

Dramatherapie

Drama hat seinen Ursprung im Griechischen und bedeutet frei übersetzt „handeln". Eine Therapie, die auf „Handeln" basiert, ist eine Therapie der Aktion, des aktiven Gestaltens bzw. Ausdrückens. Im täglichen Leben drücken wir uns nicht nur mit Worten aus, sondern auch durch Mimik, Gestik, Körperhaltung, Bewegung bzw. Bewegungsabläufe (= Aktion). Dramatherapie nutzt jegliche Art von Aktion und Aktivität im Interesse eines diagnostischen und therapeutischen Prozesses. Sie ist somit eine enorm alltagsnahe, flexible und kreative Methode und hat sich dank der Pionierarbeit von Sue Jennings (1978) einen festen Platz im psychotherapeutischen und auch pädagogisch orientierten Behandlungs- und Förder- bzw. Trainingsrepertoire erobert. Auch wenn Dramatherapie bei Menschen mit geistiger Behinderung ein noch randständiges Spezialgebiet ist, scheint diese Therapieform gerade bei diesem Klientel, welches Schwierigkeiten in der verbalen Kommunikation hat und sich größtenteils über nichtsprachgebundene Mittel ausdrückt, prädestiniert zu sein. Andererseits muß in der Dramatherapie geistig Behinderter berücksichtigt werden, daß diese häufig in ihrer Wahrnehmung eingeschränkt sind und herausfordernde Verhaltensmuster, wie Stereotypien, Unruhe, impulsive und aggressive Durchbrüche, bieten.

Als dramatherapeutische Grundregeln im Umgang mit Menschen mit geistiger Behinderung stellte Anna Chesner 1995 folgende Prinzipien auf, die auch in anderen Therapien Berücksichtigung finden sollten:

1. Geduld
   - Veränderung und Entwicklung sind möglich, aber eher längerfristig
   - erforderlich für den therapeutisch notwendigen Beziehungsaufbau
   - in Hinblick auf die Reaktion der Klienten
2. Vertrauen
   - entsteht durch Verständnis, Korrektheit, Ehrlichkeit, Kontinuität, insbesondere von therapeutischer Seite
3. Distanz
   - Berücksichtigung der therapeutischen Neutralität
   - Vermeidung von Druck, Zwang, körperlicher und/oder verbaler Intimität
4. Haltende und stützende Atmosphäre
   - dazu gehören auch klare Strukturen und eine überschaubare Regelhierarchie
5. Arbeiten mit der Dynamik von Sein und Handeln
   - Frage von Balance und Rhythmus, Aktionismus vermeiden, auch Schweigen kann konstruktiv sein
6. Integration sprachlicher Anteile
   - Schaffung von Vertrautheit hinsichtlich sprachlicher Elemente
7. Planung
   - Ausgewogenheit zwischen Bewährtem/Erlerntem und Neuem, Entwicklung eines Gespürs für das Einbringen neuer Ziele und Inhalte

Bei der Umsetzung können und sollten entsprechend der individuellen Fähigkeiten und der Zielstellungen verschiedene rezeptive Zugänge genutzt werden. Insbesondere bei schwer geistig und mehrfach Behinderten bietet sich primär dafür der Tastsinn/taktiles Erkennen an. Über Hand-zu-Hand-Kontakt kann eine Beziehung hergestellt werden, läßt sich Geduld erproben und demonstrieren, Vertrauen aufbauen, Distanz ausdrücken, Kraft dosieren, Fremdsteuerung ausüben, Befindlichkeit und Vegetativum erspüren etc. Der therapeutische Prozeß ist eine Einladung, sich Gefühlen über Kontakt zu öffnen, sich darüber mitzuteilen und zu kommunizieren. Spielerische Elemente, Musik, Tanz und Geschichten/Märchen können in den dramatherapeutischen Prozeß integriert werden und erweitern so die Wahrnehmung über optische, akustische oder kinetische Reize.

Neben interpersonellen Aspekten dient Berührung ebenso der Erfahrung von Objekten, deren Oberfläche, Temperatur, Gestalt und Größe. So kann Dramatherapie auch der Stimulation zur Selbstbetätigung dienen und die soziale Kompetenz stärken.

Bewegung als höhere Stufe aktiviert und intensiviert die Körpererfahrung über das Ansprechen motorischer Funktionen, nutzt räumliche Dimensionen, erlaubt eine szenische Gestaltung und die Einbeziehung spielerischer Elemente, basiert auf Aktivierung und Deaktivierung, Steuerung und Kontrolle und das nicht nur in einer Therapeut-Klient-Beziehung, sondern auch in Gruppensituationen. Tanztherapeutische Elemente erweitern und bereichern die Gestaltungsmöglichkeiten. So läßt sich z. B. im Einzeltanz individuelle Freiheit ausagieren. Dieser kann ebenso wie spielerische Anteile oder Selbstmassage dem warm-up für komplexere Bewegungen bzw. Bewegungsabläufe dienen. Vielfältigste Variationen und Kombinationen in Abhängigkeit von den physischen und psychischen Möglichkeiten der zu therapierenden Menschen mit geistiger Behinderung ergeben sich aus den oben skizzierten Grundelementen.

Dramatherapie mit geistig Behinderten sollte sich mehr an der Realität orientieren und bedarf, zumindestens in den Anfängen, in höherem Maße der Fremdsteuerung. Es geht ja darum, realitätsbezogene Erfahrungen zu machen, zu sammeln, zu generalisieren, Ängste abzubauen, individuelle und damit soziale Kompetenz zu erlangen, um dadurch letztendlich die Lebensqualität und -zufriedenheit zu verbessern. Aufgrund eines oft fehlenden bzw. defizitären Problembewußtseins und eingeschränkter kognitiver Fähigkeiten treten fiktive Elemente, Phantasie, Übertragungs- und Gegenübertragungsphänomene in der Dramatherapie von Menschen mit geistiger Behinderung in den Hintergrund, ohne sie ganz aus den Augen zu verlieren. Die Betroffenen sind und bleiben in der Regel „echt", sind, egal in welcher Rolle, sie selbst und somit einem direkten Zugang offen. Dennoch gelten hier wie sonst in der Dramatherapie nicht geistig Behinderter auch einige Handlungsbestandteile, um die der Therapeut wissen muß:

1. Der *Klient/Akteur* besitzt eine Identität und Lebensgeschichte, die er im Handeln ausdrückt.
2. Die *räumlichen und zeitlichen Verhältnisse*, in der die Therapie stattfindet bzw. sich der Akteur befindet.
3. Das *Problem*, welches dem Akteur nicht immer selbst bewußt ist und somit den Prozeß der Bewußtmachung erfordert. Die durch das *Problem* hervorgerufene Spannung erzeugt Bedürfnisse, vor allem im Umfeld – interaktionelles Problem.
4. Formulierung eines *Ziels*, z. B. Verhaltensmodifikation.
5. Aufstellen von hierarchischen *Regeln.*
6. *Ausführung* unter Berücksichtigung aller Umstände – eigentliches Handeln.
7. *Effektevaluierung.*
8. Abschätzen von *Kurzzeit- und Langzeitfolgen*, Integration anderer Behandlungsstrategien, multiprofessionelles Herangehen (in Anlehnung an Junker, Cimmermans 1998).

Musiktherapie

Musiktherapie ist eine lustbetonte psychotherapeutische Behandlungsform, die sich am ehesten symptom- bzw. störungsspezifisch einsetzen läßt. Nach Brückner (1992) können vier allgemeingültige Ziele formuliert werden:

1. Aktivierung und Auslösung sozial-kommunikativer Prozesse durch nonverbale Handlungen. Die nonverbalen Handlungsabläufe werden durch das anschließende Gespräch bzw. Spiel zur Ermöglichung einer Verhaltenskorrektur bewußt gemacht.

2. Aufbau von Verhaltensweisen, die das Umgehenlernen mit psychovegetativen Fehlspannungen und psychischen Fehlverhaltensweisen beinhalten.
3. Aktivieren und Auslösen von Emotionen und deren Bewußtmachung durch die Auseinandersetzung mit inneren und äußeren Konflikten.
4. Entwicklung von ästhetischer Erlebnisfähigkeit und Anbahnung von musischen Interessen, die eine harmonische Persönlichkeitsentfaltung fördern.

Diese allgemeinen Ziele sind natürlich nur bedingt auf die Behandlung von Menschen mit geistiger Behinderung anwendbar.

Schuchardt (1999) weist darauf hin, daß bei Menschen mit einer geistigen Behinderung ein handlungsorientiertes Musiktherapiekonzept bevorzugt werden sollte. Durch vielfältige konkrete und handlungsbezogene Zugangsweisen wird der an sich unanschauliche Gegenstand Musik veranschaulicht. Dadurch ermöglicht man ein ganzheitliches Erleben und Aufnehmen der musikalischen Erscheinungs- und Ausdrucksformen und unterstützt das musikalische Hörerlebnis im Sinne des aktiven Hörens. Schulze (1993) konnte empirisch belegen, daß sich Musiktherapie alleine und als unterstützende Kotherapie bei verhaltenstherapeutisch ausgerichteten Interventionen als effektiv in der Behandlung aggressiver Verhaltensmuster erwies. Signifikante Veränderungen spiegelten sich insbesondere in den Bereichen der allgemeinen Abnahme der Aggressivität, deren Verschiebung von der tätlichen auf die verbale Ebene, der verbesserten, d. h. alternativen Lösungsvorschläge, der Spannungsregulierung, der gestiegenen Selbstreflexion und des gewachsenen Selbstvertrauens wider.

Zur Anwendung kamen unterschiedliche Verfahren aus dem Methodeninventar der Musiktherapie.

Aktive Musiktherapie

in der Gruppe
- Improvisationen mit körpereigenen Instrumenten und Materialien
- Instrumentalimprovisation
- Bewegungsimprovisation
- Gruppensingtherapie
- tänzerische Gruppenmusiktherapie
- Schmieren, Zeichnen, Malen nach Musik

einzeln (siehe Beispiele „in der Gruppe“)

Rezeptive Musiktherapie

in der Gruppe
- zum Bewußtmachen von Gefühlen
- zur Beobachtung von Körperfunktionen
- zur Beruhigung und Selbstbesinnung
- regulative Musiktherapie

einzeln
- kommunikative Einzelmusiktherapie
- reaktive Einzelmusiktherapie
- ungerichtete rezeptive Einzelmusiktherapie

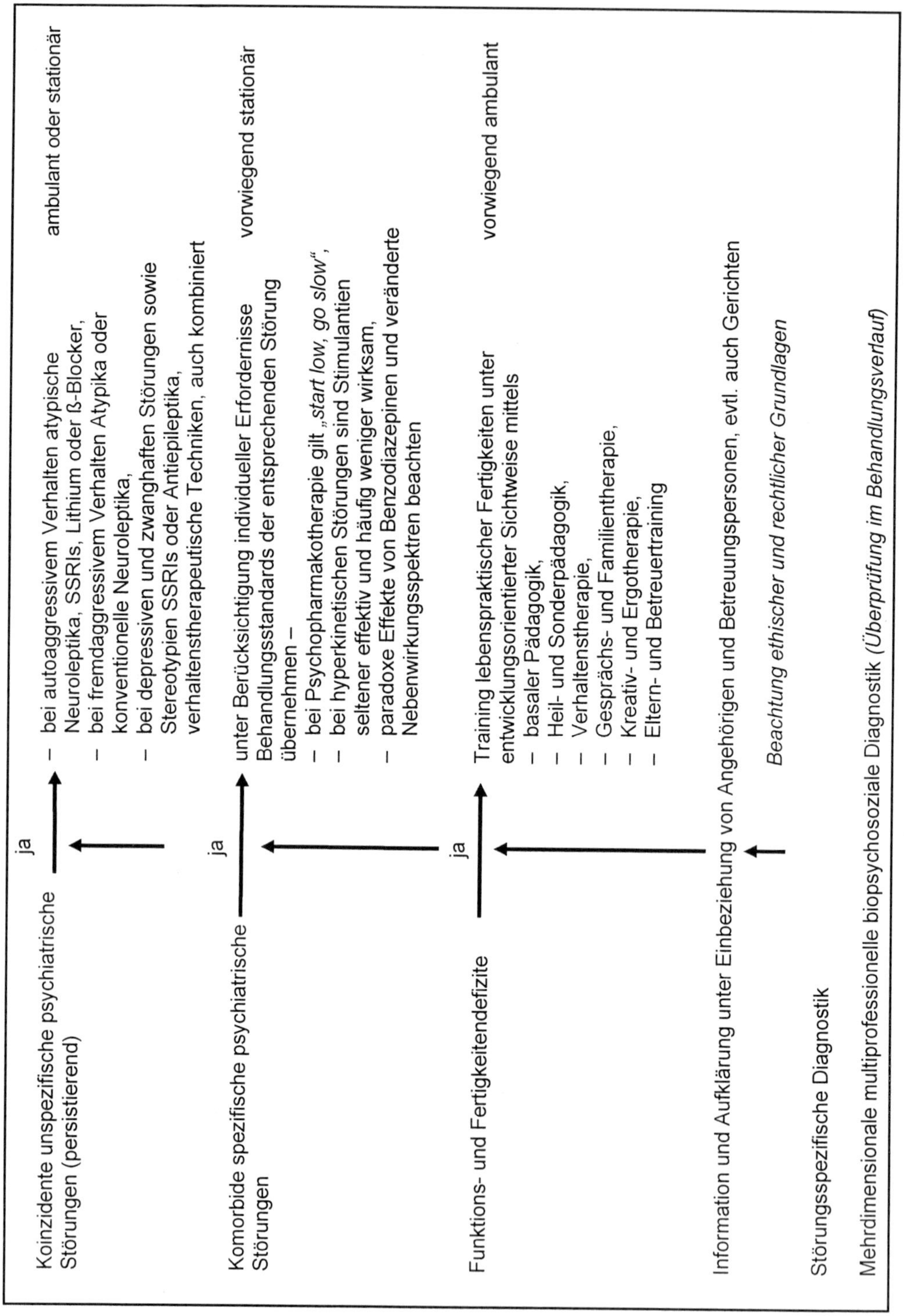

Abb. 1: Behandlungsstandards (AACAP 1999; AWMF 1999)

Dabei kommt es nicht darauf an, möglichst viele Verfahren bei einem Klienten einzusetzen, sondern nach dessen Fähigkeiten eine Auswahl zu treffen, die im Verlaufe der Therapie kritisch hinterfragt werden sollte und eventuell erweitert werden kann. Alle aufgeführten Verfahren sind nach lerntheoretischen Prinzipien aufgebaut, d. h. es erfolgt ein hierarchisches Stufensystem vom geringen bis zum erheblichen Schwierigkeitsgrad.

Jede Behandlungsintervention bedarf einer klaren Indikationsstellung, einer umfassenden, in der Regel mehrzeitigen Diagnostik unter Einbeziehung des Umfeldes und sollte störungsspezifisch unter Berücksichtigung entwicklungsdynamischer Aspekte auf Zielsymptome ausgerichtet sein. Bei einem mehrdimensionalen multiprofessionalen Ansatz kommt es auch auf das kritische Hinterfragen der Effektivität einzelner Behandlungsbausteine im Sinne einer Therapievaluierung an. Die vorangegangenen Betrachtungen dienen neben einer Methodenüberschau der Orientierung und beruhen auf eigenen langjährigen Erfahrungen in der Betreuung und Behandlung von Menschen mit geistiger und mehrfacher Behinderung aller Altersstufen. Eine Synopsis der Behandlungsstandards, die auf diesen Erfahrungen beruhen, findet sich in Abbildung 1.

Literatur

AACAP. Practice Parameters for the Assessment and Treatment of Children, Adolescents, and Adults With Mental Retardation and Comorbid Mental Disorders. J Am Acad Child Adolesc Psychiatry 1999; 38 (suppl. 12).

Allen FH. Psychotherapy with children. New York: Norton 1942.

Andreasen NC. Scale for the Assessment of Negative Symptoms (SANC). Iowa City: University of Iowa 1980.

Arnt J. Pharmacological differentiation of classical and novel antipsychotics. Int Clin Psychopharmacol 1998; 13 (suppl. 3): 7–11.

AWMF. Leitlinien Kinder-Jugend-Psychiatrie: Intelligenzminderungen. (www.uni-duesseldorf.de/WWW/AWMF/ll/kjpp-015.htm) 1999.

Ballinger BR, Ballinger CB, Reid AH, McQueen E. The psychiatric symptoms, diagnoses and care need of 100 mentally handicapped patients. Br J Psychiatry 1991; 158: 251–4.

Baumeister AA, Todd ME, Sevin JA. Efficacy and Specifity of Pharmacological Therapies for Behavioral Disorders in Persons with Mental Retardation. Clin Neuropharmacol 1993; 16: 271–94.

Benkert O, Hippius H. Hrsg. Kompendium der Psychiatrischen Pharmakotherapie. Berlin: Springer 1998.

Benson, BA. Behavior disorders and mental retardation: associations with age, sex, and level of functioning in an outpatient clinic sample. Appl Res Ment Retard 1985; 6: 79–85.

Blair A. Working with people with learning difficulties who self-injure: A review of the literature. Behav Psychother 1992; 20: 1–23.

Branford D. A study of the prescribing for people with learning disabilities living in the community and in National Health Service care. J Intellect Disabil Res 1994; 38: 577–86.

Braun P, Tittelbach E. Verhaltenstherapie. In: Psychotherapie. Toman W, Egg R (Hrsg). Göttingen: Hogrefe 1978.

Brems C. A comprehensive guide to child psychotherapy. Boston: Ally & Bacon 1993.

Brenner HD, Merlo M, Genner R. Die neue Rolle der Psychiatrie in der Betreuung Geistigbehinderter. Schweiz Arch Neurol Psychiatr 1994; 145: 26–34.

Brückner J. Musiktherapie für Kinder. Berlin 1992.

Bundesverband Evangelische Behindertenhilfe e. V., Verband Katholischer Einrichtungen für Lern- und Geistigbehinderte e. V., Bundesvereinigung Lebenshilfe für Menschen mit geistiger Behinderung e. V., Verband für Anthroposophische Heilpädagogik, Sozialtherapie und Soziale Arbeit e. V. Positionspapier: Notwendige Maßnahmen zur Verbesserung der gesundheitlichen Versorgung von Jugendlichen und Erwachsenen mit geistiger und mehrfacher Behinderung im Rahmen der Gesundheitsreformvorhaben der Regierungskoalition im Jahre 1999. Stuttgart 1999.

Bymaster FP, Calligaro DO, Falcone JF. Radioreceptor binding profile of the atypical antipsychotic olanzapine. Neuropsychopharmacology 1996; 14: 87–96.

Chesner A. Dramatherapy for People with Learning Disabilities. London: Jessica Kingsley Publishers 1995.

Clarke DJ. Psychopharmacology of severe self-injury associated with learning disabilities. Br J Psychiatry 1998; 172: 389–94.

Demb HB. Risperidone in Young Children with Pervasive Developmental Disorders and Other Developmental Disabilities. J Child Adolesc Psychopharmacol 1996; 6: 79–80.

Deutsche Gesellschaft für Psychiatrie, Psychotherapie und Nervenheilkunde. Praxisleitlinien in Psychiatrie und Psychotherapie. Bd. 1: Behandlungsleitlinie Schizophrenie. Darmstadt: Steinkopff 1998.

DGVT (Deutsche Gesellschaft für Verhaltenstherapie). Verhaltenstherapie. München: Steinbauer und Rau 1990.

Dilling H, Mombour W, Schmidt MH. Internationale Klassifikation psychischer Störungen ICD-10. Bern: Hans Huber 1993.

Dobmeier M. Mega-Out: Neuroleptika bei akuter Manie. ÄP Neurologie Psychiatrie 1998; 10: 48–51.

Dose M. Medikamentöse Behandlung psychiatrischer Störungen bei gleichzeitiger geistiger Behinderung. In: Leponex – Pharmakologie und Klinik eines atypischen Neuroleptikums. Naber D, Müller-Spahn F (Hrsg). Berlin: Springer 1999; 16–29.

Došen A. Psychische Störungen bei geistig behinderten Menschen. Stuttgart: Gustav Fischer 1997.

Eich P. Spätdyskinesien unter Antipsychotika-Langzeittherapie. In: Leponex – Pharmakologie und Klinik eines atypischen Neuroleptikums. Naber D, Müller-Spahn F. Hrsg. Berlin: Springer 1999; 29–37.

Fisman S, Steele M. Use of Risperidone in Pervasive Developmental Disorders: A Case Series. J Child Adolesc Psychopharmacol 1996; 6: 177–90.

Fleischhacker WW. Zur Problematik der Beurteilung neuer Antipsychotika In: Schizophrene Störungen – State of the art II. Fleischhacker WW, Hinterhuber H, Meise U (Hrsg). Innsbruck: Verlag Integrative Psychiatrie 1998; 233–51.

Frotscher M, Heimrich B. Entwicklung neuronaler Spezifität. In: Aktuelle Neuropädiatrie 1994. Rating D (Hrsg). Wehr: Ciba-Geigy Verlag 1995; 17–21.

Gaedt C. Psychopharmakotherapie bei Menschen mit geistiger Behinderung. In: Psychische Erkrankungen und psychische Störungen bei Menschen mit geistiger Behinderung. Došen A (Hrsg). Stuttgart: Gustav Fischer 1995.

Gerlach J, Peacock L. Intolerance to neuroleptic drugs: the art of avoiding extrapyramidal syndromes. Eur Psychiatr 1995; 10 (suppl.1): 27–33.

Green B. Focus on Olanzapine. Curr Med Res Opin 1999; 2: 79–85.

Green MF. What are the functional consequences of neurocognitive deficits in schizophrenia? Am J Psychiatry 1996; 153: 321–30.

Green MF, Marshall BD, Wirshing WC, Ames D, Marder SR, McGurk S, Kern RS, Mintz J. Does Risperidone Improve Verbal Working Memory in Treatment-Resistant Schizophrenia? Am J Psychiatry 1997; 154: 799.

Grodd W, Krägeloh-Mann I. Nicht invasive Erfassung der frühkindlichen Hirnentwicklung mittels Kernspintomographie. In: Aktuelle Neuropädiatrie 1992. Lischka A, Bernert G (Hrsg). Wehr: Ciba-Geigy Verlag 1993, 314–20.

Grohmann R, Rüther E. Neuroleptika. In: Unerwünschte Wirkungen von Psychopharmaka. Ergebnisse der AMÜP-Studie. Grohmann R, Rüther E, Schmidt LG (Hrsg). Berlin: Springer 1994; 42–134.

Hale A, Burght VD, Wehnert A, Friberg HH. A European dose-range study comparing the efficacy, tolerability and safety of four doses of sertindole and one dose of haloperidol in schizophrenic patients. CINP Congress, Melbourne 1996.

Hamilton SH, Revicki DA, Genduso LA, Beasley jr. CM. Olanzapine versus placebo and haloperidol: quality of life and efficacy results of the North America double-blind trial. Neuropsychopharmacology 1998; 18: 41–9.

Hardan A, Johnson K, Johnson C, Hrecznyj B. Case study: Risperidone Treatment of Children and Adolescents with Developmental Disorders. J Am Acad Child Adolesc Psychiatry 1996; 35: 1551–6.

Häßler F. Die diagnostische Funktion der Kunsttherapie in der Kinder- und Jugendpsychiatrie. päd 1996; 2: 52–7.

Häßler F. Psychopharmakotherapie bei geistig Behinderten. Psychopharmakotherapie 1998; 5: 76–80.

Häßler F. Atypische Neuroleptika bei der Behandlung von Menschen mit geistiger Behinderung mit aggressivem Verhalten. In: Atypische Neuroleptika in der Jugendpsychiatrie. Fegert JM, Häßler F, Rothärmel S (Hrsg). Stuttgart: Schattauer 1999, 249–60.

Health Care Financing Administration. Psychopharmacological Medications: Safety Precautions for Persons with Developmental Disabilities. Washington, DC: Health Care Financing Administration 1997.

Hodapp RM, Dykens EM. Mental retardation. In: Child Psychopathology. Mash EJ, Barkley RA (Eds). New York: Guilford 1996; 362–89.

Holmes N, Shah A, Wing L. The disability assessment schedule: a brief screening device for use with the mentally retarded. Psychol Med 1982; 12: 879–90.

Izmeth M, Khan SY,Kumarjeewa DI. Zuclopenthixol decanoate in the management of behavioural disorders in mentally handicapped patients. Pharmacotherapeutica 1988; 5: 217–27.

Jennings ES. Remedial Drama. London: A. C. Black 1978.

Junker J, Cimmermans GE. Dramatherapie und Schizophrenie. Arnhem und Nijmegen: Trioprint 1998.

Karsten D, Kivimaeki T, Linna SL. Neuroleptic treatment of oligophrenic patients. Acta Psychiatr Scand 1981; 64 (suppl. 294): 39–45.

Kay SR, Fiszbein A, Opler LA. The positive and negative syndrome scale (PANSS) for schizophrenia. Schizophr Bull 1987; 13: 261–76.

Kehrer HE. Praktische Verhaltenstherapie bei geistig Behinderten. Dortmund: Verlag modernes Leben 1997.

King DJ. Psychomotor impairment and cognitive disturbances induced by neuroleptics. Acta Psychiatr Scand 1994; 380 (suppl.): 53–8.

King BH, State MW, Shah B, Davonzo P, Dykens E. Mental Retardation: A Review of the Past 10 Years. Part I. J Am Acad Child Adolesc Psychiatry 1997; 36: 1656–63.

Kurz M, Hummer M, Oberbauer H, Fleischhacker WW. Extrapyramidal side-effects of clozapine and haloperidol. Psychopharmacology 1995; 118: 52–6.

Lindström E, Eriksson B, Hellgren A. Efficacy and safety of risperidone in the longterm treatment of patients with schizophrenia. Clin Ther 1995; 17: 402–12.

Malt UF, Nystad R, Bache T, Noren O et al. Efficacy of Zuclopenthixol in Comparison to Haloperidol in the Treatment of Mentally Retarded with Behavior Disorders. Br J Psychiatry 1995; 166: 374–7.

Marder SR, Meibach RC. Risperidone in the treatment of schizophrenia. Am J Psychiatry 1994; 151: 825–35.

McDougle CJ, Holmes JP, Bronson MR, Anderson GM, Volkmar FR, Price LH, Cohen DJ. Risperidone treatment of children and adolescents with pervasive developmental disorders: a prospective open label study. J Am Acad Child Adolesc Psychiatry 1997; 36: 685–93.

McDougle CJ, Holmes JP, Carlson DC, Pelton GH, Cohen DJ, Price LH. A double-blind, placebo-controlled study of risperidone in adults with autistic disorder and other pervasive developmental disorders. Arch Gen Psychiatry 1998; 55: 633–41.

Meins W, Auwetter J, Krausz M, Turnier Y. Behandlung mit Psychopharmaka in unterschiedlichen Einrichtungen für geistig Behinderte. Nervenarzt 1993; 64: 451–5.

Menzen KH. Was tut die Kunst in der Kunsttherapie? Musik-, Tanz- und Kunsttherapie 1995; 6: 101–23.

Möller HJ, Müller H, Borison RL, Schooler NR, Chouinard G. A pathanalytical approach to differentiate between direct and indirect drug effects on negative symptoms in schizophrenic patients. Eur Arch Psychiatry Clin Neurosci 1995; 245: 45–9.

Möller HJ. Atypische Neuroleptika: Ist der Begriff gerechtfertigt? Psychopharmakotherapie 1997; 4:130–2.

Möller HJ. Atypische Neuroleptika: Definitionsprobleme, Wirkungsmechanismen. In: Schizophrenie – Moderne Konzepte zu Diagnostik, Pathogenese und Therapie. Möller HJ, Müller N (Hrsg). Wien: Springer 1998; 207–27.

Moustakas CE. Psychotherapy with children: The living relationship. New York: Harper & Row 1959.

Mühl H, Neukäter H. Pädogogischer Umgang bei Menschen mit selbstverletzendem Verhalten und geistiger Behinderung. Kindheit und Entwicklung 1998; 7: 93–8.

Müller WE, Tuschl R, Gietzen K. Therapeutische und unerwünschte Wirkungen von Neuroleptika – die Bedeutung von Rezeptorprofilen. Psychopharmakotherapie 1995; 2: 148–53.

Naber D, Lambert M, Krausz M. Hrsg. Atypische Neuroleptika in der Behandlung schizophrener Patienten. Bremen: Uni-Med Verlag 1999.

Perry R, Pataki C, Munoz-Silva DM, Armenteros J, Silva R. Risperidone in Children and Adolescents with Pervasive Developmental Disorder: Pilot Trial and Follow-Up. J Child Adolesc Psychopharmacol 1997; 7: 167–79.

Retz W, Kornhuber J, Riederer P. Neurotransmitter und die Ontogenese des zentralen Nervensystems des Menschen. Z Kinder Jugendpsychiatr 1996; 24: 34–43.

Rhode A, Marneros A. „Therapieresistenz“ schizophrener Erkrankungen im Licht der Langzeitkatamnese: Die persistierenden Alterationen. In: Therapieresistenz unter Neuroleptikabehandlung. Möller HJ (Hrsg). Wien, New York: Springer 1993.

Rubin M. Use of atypical antipsychotics in children with mental retardation, autism, and other developmental disabilities. Psychiatr Ann 1997; 27: 219–21.

Sandman CA, Barron Jl, Colman H. An orally administered opiate blocker, naltrexone attentuates self-injurious behavior. Am J Ment Retard 1990; 95: 93–102.

Schneider N. Rational-emotive group therapy with people with a dual diagnosis. 6th NADD Annual Convention, Washington 1989.

Schuchardt A. Wir gestalten eine Instrumentalbegleitung und einen Tanz. Zeitschrift Heilpädagogik 1999; 7: 349–57.

Schulze G. Entwicklung und Erprobung eines verhaltenstherapeutisch orientierten Musiktherapieprogrammes zur Behandlung von Schulkindern mit aggressiven Verhaltensauffälligkeiten. Rostock: Universität Prom. A 1993.

Simeon JG, Carrey NJ, Wiggins DM, Milin RP, Hosenbocus SN. Risperidone Effects in Treatment-Resistant Adolescents: Preliminary Case Reports. J Child Adolesc Psychopharmacol 1995; 5: 69–79.

Singh I, Owino WJ. A double-blind comparison of zuclopenthixol tablets with placebo in the treatment of mentally handicapped in-patients with associated behavioral problems. J Intell Disab Res 1992; 36: 541–9.

Skuse D, Pickles A, Wolke D, Reilly S. Postnatal Growth and Mental Development: Evidence for a „Sensitive Period“. J Child Psychol Psychiatry 1994; 35:521–45.

Sperling W, Demling J. Neue Antidepressiva. Arzneimitteltherapie 1997; 15: 74–83.

Spießl H, Cording C. Aggressives Verhalten von psychisch Kranken: Inzidenz, Therapie. Extracta Psychiatrica 1999; 13: 20–6.

Staudt M, Schropp C, Obletter N, Bise K, Breit A, Weinmann HM. Standardisierte Befundung der Myelinisierung des kindlichen Gehirns in der Magnetresonanztomographie – Methode und Ergebnisse. In : Aktuelle Neuropädiatrie 1994. Rating D (Hrsg). Wehr: Ciba-Geigy Verlag 1995; 79–89.

Süss-Burghart H. Distanzstörung als massives Problem bei geistiger Behinderung und ihre Therapie: Kasuistik. Z Kinder Jugendpsychiatr 1997; 25: 263–71.

Tamminga CA, Buchanan RW, Gold JM. The role of negative symptoms and cognitive dysfunction in schizophrenia outcome. Int Clin Psychopharmacol 1998; 13 (suppl. 3): 21–6.

Tarjan G. Cinderella and the prince: mental retardation and community psychiatry. Am J Psychiatry 1966; 122: 1057–9.

Theunissen G. Abgeschoben, isoliert, vergessen – Schwerstgeistig- und mehrfachbehinderte Erwachsene in Anstalten. Frankfurt 1986.

Tran P, Dellva M, Tollefson G, Beasley jr C, Potvin J, Kiesler G. Extrapyramidal symptoms and tolerability of olanzapine versus haloperidol in the acute treatment of schizophrenia. J Clin Psychiatry 1997; 58: 205–11.

Tretter F. Kunst, Psychiatrie und Therapie. In: Kunsttherapie in der Psychiatrie. Tretter F, Bender W (Hrsg). Köln: Claus Richer Verlag 1995.

Umbricht D, Kane JM. Understanding the relationship between extrapyramidal side-effects and tardive dyskinesia. In: Serotonergic mechanism in antipsychotic treatment. Kane JM, Möller HJ, Awouters F (Eds). New York: Marcel Dekker 1996; 221–51.

van Kammer PD, McEvoy JP, Targum SD, Kardetzke D, Sebree TB. A randomized, controlled, dose-ranging trial of sertindole in patients with schizophrenia. Psychopharmacology 1996; 124: 168–75.

Verhoeven WME, Tuinier S, van den Berg YMM, Coppus AMW, Fekkes D, Pepplinkhuizen L, Thijssen JHH. Stress and Self-injurious Behavior; Hormonal and Serotonergic Parameters in Mentally Retarded Subjects. Pharmacopsychiatry 1999; 32: 13–20.

von Aster M. Geistige Behinderung. In: Handbuch Verhaltenstherapie und Verhaltensmedizin bei Kindern und Jugendlichen. Steinhausen HC (Hrsg). Weinheim: Beltz Psychologie Verlags Union 1993; 56–68.

Wechsler P. Psychopharmakaprävalenz am Epilepsiezentrum Kork (unveröffentlicht 1999).

Wirshing DA, Marder SR, Goldstein D, Wirshing WC. Poster Session I. ACNP 26th Annual Meeting, Hawai 1997.

Zimbroff DL, Kane JM, Tamminga CA, Daniel DG, Mack RJ, Wozniak PJ. Controlled, dose-response study of sertindol and haloperidol in the treatment of schizophrenia. Am J Psychiatry 1997; 154: 782–91.

Nachwort

E. Berger

Das Verhältnis der Psychiatrie zu behinderten Menschen ist mit zahlreichen historischen Hypotheken belastet, die weit in die Gegenwart hineinreichen. Es weist überdies große Lücken in der Theoriebildung insbesondere dort auf, wo es um humanistische Konzepte auf der Basis einer biopsychosozialen Sichtweise geht und biologische Traditionen überwunden werden müssen.

Die Psychiatrie des deutschen Sprachraums muß sich als Wissenschaft und als Institution der sozialen Betreuung den Vorwurf gefallen lassen, daß sie geistig behinderte Menschen (auch nach der Vernichtungsaktion in der Nazizeit) durch viele Jahrzehnte widerspruchslos und unreflektiert zur Aufbewahrung übernommen und sich damit an der Strategie der Ausgrenzung und sozialen Isolation beteiligt hat. Auch ist der Schritt zur „Desinstitutionalisierung" nicht von der Psychiatrie ausgegangen, sondern mußte vielfach gegen deren Widerstand realisiert werden.

Somit ist es tatsächlich höchste Zeit, über das Verhältnis der Psychiatrie zu ihren „ungeliebten Gästen" nachzudenken. Das vorliegende Buch unternimmt den ernsthaften Versuch, dazu einen Beitrag zu leisten. Es spiegelt in diesem Unterfangen die tiefe Heterogenität der Sichtweisen des Themas, den Mangel an Konsens, die Defizite in der Entwicklung von Konzepten und Theorien wider. Auf dem gegenwärtigen Stand der Diskussion hätte auch nur wenig anderes geleistet werden können.

Ein Nachwort gibt die Gelegenheit, in die Zukunft zu blicken und Erwartungen zu formulieren:

1. Das Thema „Psychiatrie und geistige Behinderung" möge in den nächsten Jahren häufiger zur Diskussion gestellt werden. Anfänge wurden in den letzten Jahren – unter anderem auch mit diesem Buch – gemacht.
2. Die Theoriediskussion sollte – so wie es Christian Gaedt in diesem Buch tut – ihren Ausgang nehmen von der Entwicklung eines Verständnisses für die innere Dynamik psychischer Störungen von Menschen mit geistiger Behinderung und sich damit von einer phänomenologischen Betrachtung der Oberfläche verabschieden. Dieser Weg kann an einer Diskussion des psychiatrischen Krankheitsbegriffes nicht vorbeiführen und könnte gleichzeitig neue Perspektiven für die Psychiatrie eröffnen; oft gelingt es in der Arbeit mit geistig behinderten Menschen leichter, die Verschränkungen und Verdichtungen biografischer Elemente zu psychopathologischen Syndromen nachzuzeichnen und auf diese Weise die „Gewordenheit" von Krankheit deutlich zu machen.
3. Die Psychiatrie als Institution des Gesundheitswesens wird in wachsendem Maße die Perspektive der klinischen Sichtweise verlassen und einen sozialpsychiatrischen Blickwinkel eröffnen, dessen Schwerpunkt im ambulanten Bereich und im

Liaisondienst liegt. Dieser Perspektivenwechsel wird – außer der Reduktion der Psychopharmakotherapie – noch zahlreiche weitere überraschende Blicke freigeben.

4. Die Aufgaben psychiatrischer Dienste für Menschen mit geistiger Behinderung – im ambulanten und stationären Bereich – müssen neu konzipiert werden, damit wir auf die zukünftigen Aufgaben ausreichend vorbereitet sind. Dies schließt die Neudefinition des Verhältnisses zur allgemeinen psychiatrischen Versorgung ein.